CLINT LUKAS

cool trotz kind

Hart feiern und liebevoll erziehen
Eine Anleitung aus erster Hand

INHALT

vorwort

Dieses Buch erzählt von meiner
Entwicklung als Vater. Und versucht,
Antworten zu finden. Es erzählt von
meinem nervenaufreibenden Alltag mit
Kind, und wie sich dieser verändert hat,
seit ich für die Hälfte der Woche
alleinerziehend bin.
Denn selbstverständlich ändern
sich ein paar Sachen.

»Mit einem Kind ändert sich alles«, haben sie mir gesagt. »Dein Leben wird nie wieder so sein, wie es war. Du wirst andere Freunde haben, neue Freunde, mit Kindern. Du wirst nur noch auf Spielplätzen rumhängen und abends um sieben todmüde ins Bett fallen.«

Die erste Frage, die sich mir dahingehend stellte, war: Wenn das alles so schlimm und anstrengend ist, warum sollte man dann überhaupt ein Kind kriegen? Man will doch Freude am Leben haben. Zumindest möchte ich das. Und käme jemand daher und würde sagen: »Ich hänge dir ab heute 24/7 an der Backe und nerve dich von früh bis spät!«, sähe ich keinen Grund, mich auf einen derart lausigen Deal einzulassen.

Allerdings reden die Leute ja immer viel, wenn der Tag lang ist. Deshalb wollte ich diesen Worten vor der Geburt meiner Tochter Wanda keinen Glauben schenken. Ich dachte mir: Ich habe eine tolle Frau an meiner Seite, die genauso gierig aufs Leben ist wie ich selbst. Es müsste doch zu schaffen sein, das Schicksal auszutricksen.

Mir war natürlich nicht entgangen, dass junge Eltern oft irgendwie seltsam sind. Dass sie mit ihrem Nachwuchs ganz anders reden, dabei ihre Stimme verstellen, als hätten sie Helium geschluckt, und von sich selbst in der dritten Person sprechen. »Soll die Mama dem Lasse einen Schluck Urmöhrensaft einschenken?«

Nein, Mama, lass mal stecken.

Schon damals fragte ich mich: Muss das sein? Steht irgendwo geschrieben, dass man mit seinem Kind so affektiert umgehen muss? Und warum wischen diese Eltern ununterbrochen mit Feuchttüchern an ihrer Brut herum? Ist es doch so, wie es in all den Ratgebern steht? Dass sich mit einem Kind alles ändert? Komplett? Oder waren die vorher schon so bescheuert?

Nora, die Mutter meiner Tochter, und ich waren so kühn, uns zu wünschen, dass nicht alles anders wird. Wir wünschten uns, dass wir auch mit Kind unsere alten Freunde behalten. Dass wir reisen können und auf Konzerte gehen. Dass wir uns trotz Kind verwirklichen können, oder noch besser: mit dem Kind.

Kleiner Spoiler-Alert: Anfangs lief alles ganz gut. Als Wanda drei war, haben Nora und ich uns getrennt. Seit fünf Jahren praktizieren wir ein Wechselmodell. Was jedoch nichts daran geändert hat, dass wir ein wildes, aufregendes Leben führen wollen. Ist das naiv? Egoistisch? Hat vielleicht genau diese Hybris zur Trennung geführt? Oder ist alles genauso, wie es sein soll?

Dieses Buch erzählt von meiner Entwicklung als Vater. Und versucht dabei, Antworten auf diese Fragen zu finden. Es erzählt von meinem nervenaufreibenden Alltag mit Kind, und wie sich dieser verändert hat, seit ich für die Hälfte der Woche alleinerziehend bin. Denn selbstverständlich ändern sich ein paar Sachen. Auch wenn man es nur zähneknirschend zugeben möchte. Man ist ausgeliefert und wird Tag für Tag mit den absurdesten Situationen konfrontiert. Ab einem gewissen Kindesalter ist zum Beispiel der tägliche Gang auf den Spielplatz unvermeidlich. Allerdings muss man sich nicht mitten rein stürzen in das Getümmel der Helikoptereltern. Und wenn die Kleinteile sich um das Buddelzeug streiten, muss niemand einen Stellvertreterkrieg führen.

»Kiiira ... Hast du das Mädchen gefragt, ob du seine Schaufel nehmen darfst?«

»Annegret ... Darf die Kira eine von deinen Schaufeln haben? Du spielst doch gar nicht damit. Nein, Annegret, nicht mit Sand werfen. ANNEGRET!«

Stattdessen kann man sich vornehm im Hintergrund halten. Ein finsterer Blick und ein aufgeschlagener Nietzsche-Band wirken Wunder. Oder man bringt gleich ein paar Freunde und ein Sixpack Bier mit.

Es ist nicht leicht, einen klaren Kopf zu behalten, wenn übereifrige Väter nicht aufhören Zwischenfragen zu stellen, und der Elternabend niemals zu enden droht. Man kann nur schwer seinen Gedanken nachhängen, wenn man in der U-Bahn laut hörbar gefragt wird: »Papa, warum ist der Mann schwarz? Ist der böse?« Man muss die Arschbacken zusammenkneifen, wenn man den schlimmsten

Kater seines Lebens hat und das Kind berechtigterweise trotzdem Topfschlagen spielen will. Und vor allem erfordert es einen eisernen Willen, sich auch mit Kind selbst zu verwirklichen, ob in der Kunst oder in der Liebe. *Cool trotz Kind* erzählt von diesem Spagat. Durch meine Kolumnen im *Tagesspiegel* und bei *Mit Vergnügen Berlin*, in denen ich mich als alleinerziehender, noch immer dem Laster zugeneigter Vater zur Schau stelle, weiß ich, wie es ist, unter der Beobachtung von Moralaposteln zu stehen und sich für erkämpfte Freiräume rechtfertigen zu müssen. Deshalb ist *Cool trotz Kind* nicht nur eine Antwort auf den Kontrollwahn spaßbefreiter Helikoptereltern, sondern ein Buch, das Mut machen soll. Mut dazu, die Interessen des Kindes nicht bedingungslos über die eigenen zu stellen.

Man darf sich nicht beirren lassen, wenn die Blicke der Leute sagen: »Muss der seinem Kind wirklich zumuten, ins Flugzeug zu steigen?« oder »Können die nicht zu Hause essen, der Kleinen wird doch total langweilig?« Auch als alleinerziehender Vater habe ich ein Recht darauf, in den Urlaub zu fliegen oder im Restaurant zu Abend zu essen. Es ist eben meine Aufgabe, meine Tochter miteinzubeziehen – indem ich mich mit ihr beschäftige. Gemeinsames Erleben verbindet nämlich, und schafft eine Beziehung auf Augenhöhe.

Bei alldem sollte vielleicht klargestellt werden, dass ich nicht davon ausgehe, die Wahrheit für mich gepachtet zu haben. Ich habe meist keine Ahnung davon, was ich tue. Und selbst wenn dieses Statement im Vorwort eines Ratgebers überraschen mag: Es ist mir schleierhaft, wie sich überhaupt irgendwer hinstellen und behaupten kann, er oder sie wüsste es. Hut ab vor so viel Selbstvertrauen!

Für mich gab es immer nur das Trial-and-Error-Prinzip. Ich hatte viele Erfolgsmomente mit meiner Tochter und bin noch öfter gescheitert, mit meinen Ansprüchen und meinen kläglich zusammengeschusterten Erziehungsmethoden. Aber Fehler sind nichts, wofür man sich schämen muss, schon gar nicht vor dem eigenen Kind.

Wer also professionelle Ratschläge sucht, sollte sich an einen der zahllosen klugen Menschen mit echter Expertise wenden. Und wer findet, dass ich einen an der Waffel habe oder mir anderweitig nicht folgen kann, darf auch am Schluss des Buchs im Glossar nachschlagen, was ich mir zu den einzelnen Themen so denke. Bis dahin kann ich nichts weiter tun, als mir alles frei von der Leber wegzuschreiben – in all meiner ungenügenden Glorie.

kinder wunsch, dies, das

Wenn man sich liebt,
wenn man cool miteinander ist
UND sich das Kinderkriegen
grundsätzlich vorstellen kann,
sollte man es lieber früh
riskieren als spät.

Ich wollte kein Kind. Genauso wie ich nie ein Haustier wollte. Ich scheute mich sogar vor der Verantwortung, eine Topfpflanze zu besitzen. Wie soll das gehen, wenn man ständig in der Weltgeschichte unterwegs ist, gerne reist und den Wohnsitz wechselt? Man müsste dauernd jemanden nerven, dass er zum Gießen und Füttern kommt.

Ich habe mehrere Jahre in Folge als Stage-Manager bei einem Tour-Theater gearbeitet, war monatelang in Israel, Prag oder Wien. Auch als Autor fuhr ich oft durchs Land, trat bei Lesungen auf, übernachtete in Hotels oder bei flüchtigen Frauenbekanntschaften.

Wenn sich aus einem dieser Kontakte doch mal so was wie eine Beziehung entwickelte, waren meine Partnerinnen meist Frauen mit ähnlichem Lebensentwurf. Wild, frei und wunderbar sollte es zugehen. Grundsätzlich konnte ich mir zwar vorstellen, eines Tages mal Vater zu werden. Aber es schien mir auch nicht abwegig, kinderlos zu bleiben. Die Idee, dass man nur mit Nachwuchs ein vollständiger Mensch ist, war mir fremd. Dann kam Nora.

Drei Jahre lang führten wir eine turbulente On-off-Beziehung, es war ziemlich anstrengend. Zuerst war ich ihre Affäre, dann verließ sie meinetwegen ihren Freund. Sie arbeitete an einem Theater im Ruhrpott, während ich in Berlin die Stellung hielt. Wir spürten beide, dass wir zusammengehörten, aber der letzte Kick, sich ganz und gar aufeinander einzulassen, fehlte irgendwie immer. Als es zu einem ersten großen Zerwürfnis kam, dachte ich, das war's jetzt. Wir trafen uns zwar bald wieder, aber es sah so aus, als würden wir fortan nur Freunde bleiben. In dieser Zeit fing Nora an, über Kinder zu reden. Also davon, dass sie sich vorstellen könnte, welche zu kriegen. Sie streute das ganz zwanglos in die Gespräche ein. Man muss dazu sagen, dass sie zu dem Zeitpunkt erst dreiundzwanzig war, aber sie meinte es ohne Zweifel ernst. Dafür kannte ich sie gut genug. Auch wenn es scherzhaft klang, schien sie entschlossen zu sein.

Für mich hieß das: Will ich der Mann sein, mit dem Nora ein Kind kriegt? Oder will ich es nicht? Falls nicht, würde sie früher oder später einen anderen finden. Es kam also zu dem absurden

Moment, in dem ich sie auf einer Autofahrt einfach fragte:»Was hältst du davon, wenn wir ein Kind machen?«

Fast alle Freunde, denen ich von diesem Entschluss erzählte, schlugen die Hände über dem Kopf zusammen. Verständlicherweise, muss man sagen, schließlich kannten sie Nora und mich nur als Drama-Paar. Aber genau das stimmte mich zuversichtlich. Wir hatten schon so viel miteinander durchgemacht, dass wir uns besser kannten als sonst irgendwen. Ich war mir sicher, dass Nora eine tolle Mutter abgeben würde. Und ich fand es romantisch, dass wir auf die Art für immer etwas gemeinsam hätten – auch wenn wir irgendwann verschiedene Wege einschlagen sollten.

Obwohl mir also alle von dieser Schnapsidee abrieten, wuchs meine Begeisterung. Und meine Neugier auf ein solches Wagnis. Ich vertraute darauf, dass Nora und ich es hinkriegen würden. Und anscheinend war dies genau das Signal, dass sie brauchte, um sich endlich ganz auf mich einzulassen.

KIND ODER KEIN KIND?

Das ist jetzt natürlich ein sehr persönlicher Einstieg. Und ein bisschen liest sich das vermutlich so, als würde ich denken, ein Kind zu kriegen, wäre ein guter Weg, eine Beziehung zu retten. Das tue ich definitiv nicht. Bei Nora und mir fing die Beziehung eigentlich erst mit dem Kinderwunsch richtig an. Bis dahin waren wir jahrelang mit Herumeiern beschäftigt gewesen.

Um jetzt aber mal wieder allgemeiner zu werden: Ich schätze, die Frage, ob zwei Menschen ein Kind kriegen wollen, ist fast immer ein Schlüsselmoment der Beziehung. Egal, ob sie ungewollt von der Schwangerschaft überrumpelt wurden oder sie wie wir absichtlich herbeigeführt haben. Und da ist meine Empfehlung ganz klar: Wenn man sich liebt, wenn man cool miteinander ist UND sich das Kinderkriegen grundsätzlich vorstellen kann, sollte man es lieber früh riskieren als spät.

Das klang jetzt fast wie ein Ratschlag. Gar nicht so leicht, neutral zu bleiben. Ist mir natürlich vollkommen wurscht, zu welchem Zeitpunkt irgendwer Kinder kriegt. Aber aus eigener Erfahrung kann ich nur sagen: Es fetzt total, jung Eltern zu werden. Allein schon wegen der Challenge. Aber auch, weil die Wegstrecke, die man gemeinsam zurücklegt, in der Regel viel länger ist und damit erlebnisreicher.

Gegenbeispiel: In Berlin-Mitte, und vor allem natürlich in Prenzlauer Berg, sieht man oft Ü40-Eltern, die neurotisch hinter ihren Kleinkindern herrennen. Gesetzte Persönlichkeiten mit angegrautem Haar, die im Sand herumkrabbeln und »dutzi, dutzi« machen. Zum Schießen! Ich vermute, dass sie sich erst mal viel Zeit für ihre Selbstverwirklichung oder ihre Karriere genommen haben. Da war einfach kein Platz für ein Kind. Und nun, da sie ihr Lebenswerk zwar nicht abgeschlossen, aber doch über den entscheidenden Punkt gebracht haben, widmen sie sich dem Projekt »Kind«. Und das mit der gleichen Effizienz, mit der sie sich vorher all den anderen Projekten gewidmet haben. Sie wollen es perfekt machen, denn so sind sie das aus ihrem Beruf gewohnt. Sie erfüllen mit dem Ehrgeiz eines Topmanagers ein Vater- oder Mutterbild, das sie irgendwo aufgeschnappt haben, und erzeugen damit diese ulkige, bisweilen auch traurige Diskrepanz.

Ich bin mit neunundzwanzig Jahren Vater geworden – auch nicht wirklich taufrisch – und hatte in Sachen Selbstverwirklichung schon einiges hinter mir. Trotzdem war ich noch mittendrin. Und bin es jetzt, während ich selbst auf die vierzig zugehe, immer noch. Der Unterschied ist, dass meine Tochter auf einem guten Stück des Weges dabei war. Sie hat es miterlebt. Natürlich ist ihre Vorstellung von meinem Beruf eher diffus, sie muss sich dafür auch nicht übermäßig interessieren. Trotzdem weiß sie schon, dass es toll ist, wenn ich einen Buchvertrag kriege. Weil wir dann kurzzeitig reich sind und auf die Pauke hauen können. Und sie weiß auch, dass ich dafür arbeiten muss, und in dieser Zeit vielleicht zerstreuter bin als sonst.

Was ich damit sagen will: Freundschaften entstehen nicht von heute auf morgen, sondern aus gemeinsamen Erlebnissen. Weil man sich dabei kennen- und lieben lernt. Man findet keine Freunde, indem man sich von einem Tag auf den anderen hinstellt und sagt: So, ich will jetzt eine Freundschaft schließen. Zumindest halte ich das für schwierig. Und genauso ist das mit Kindern. Je früher der gemeinsame Weg beginnt, desto länger und enger die Bindung. Ist doch vollkommen logisch.

Und ja, ich weiß, man hat nicht immer die Wahl. Hat nicht immer zum Wunschzeitpunkt den richtigen Partner oder die richtige Partnerin. Und was es eben sonst noch für einschlägige Hindernisse gibt. Aber wenn ihr die Wahl habt: *Go for it!*

SCHWANGERSCHAFT & ALKOHOL

Die erste Phase des Elterndaseins ist die Schwangerschaft. Das Kind ist schon da, aber irgendwie auch noch nicht. Ein gutes Testfeld, um sich auf die neue Situation vorzubereiten. Ich würde sagen, in dieser Zeit werden alle Weichen dafür gestellt, wie die beiden Eltern später miteinander umgehen werden. Wie viel Respekt sie voreinander haben, was sie sich gegenseitig zutrauen, und vor allem, was sie sich gegenseitig gönnen. Bestes Beispiel: Zigaretten und Alkohol. Eine schwangere Frau darf nicht rauchen und nicht trinken. Das ist gemein. Schöner wäre es, wenn sie nicht darauf verzichten müsste. Aber das geht nun mal nicht. Soll der Mann deshalb auch damit aufhören?

Ich für meinen Teil kann sagen, dass ich während der Schwangerschaft Experte für alkoholfreie Biersorten wurde, weil ich aus Solidarität mit Nora oft abstinent geblieben bin. Man muss schließlich nicht an jedem Tag trinken (kaum zu fassen, dass ich das jetzt wirklich geschrieben habe). Da ich außerdem Nichtraucher bin, musste ich mich dahingehend nicht mal umstellen. Der Punkt ist allerdings, dass Nora nie von mir verlangt hat, mit dem Trinken aufzuhören. Im Gegenteil, sie hat mich sogar dazu ermutigt. Was ich an manchen Abenden dankbar in Anspruch nahm. Ich zog mit Freunden um die Häuser oder trank auf der Bühne einen über den Durst. Damals musste ich noch jeden Mittwoch bei den Surfpoeten auftreten, was meistens feucht-fröhlich endete. Nora war fast immer dabei, saß mit der Einlasserin an der Kasse und hörte den Texten zu. Im Gegenzug begleitete ich sie manchmal zu den Proben in den Admiralspalast, wo sie als Regieassistentin bei einer Revue-Show arbeitete. Sie hatte außerdem eine kleine Rolle als Statistin und tanzte so lange als 20er-Jahre-It-Girl auf der Bühne, bis sie mit ihrem Bauch nicht mehr in das goldene Glitzerkleid passte.

TOP 5 DER BESTEN FREIBIERE

1. **Warsteiner Alkoholfrei Herb**
2. **Erdinger Alkoholfrei**
3. **Lammsbräu Alkoholfrei**
4. **Lübzer Alkoholfrei**
5. **Schöfferhofer Alkoholfrei**

Für mich war so ein Modell natürlich sehr komfortabel. Nora wollte einfach keinen Mann, der plötzlich brav und angepasst wird, nur weil da ein Kind in der Pipeline wartet. Die Situation war wie in jeder Schwangerschaft schon angespannt genug, da konnte sie keinen aufgekratzten Abstinenzler um sich brauchen. Zumal die Fremdbestimmung mit der Geburt ohnehin massiv zunimmt. Da kann man doch die letzten Tage in Freiheit noch genießen. Alles andere wäre krank. Es wäre genau der Augenblick, in dem man anfängt, sich wegen des Kindes unnatürlich zu verhalten, sich selbst zu verbiegen. Und wenn man damit erst mal anfängt, gibt es kein Zurück mehr. Dann steuert man unweigerlich auf den Punkt zu, an dem die eigene Persönlichkeit auf die Funktion als Elternteil reduziert wird.

Es versteht sich hoffentlich von selbst, dass ich mit der Kulanz einer so famosen Partnerin verantwortungsvoll umgegangen bin.

Ich habe es nicht übertrieben, war am nächsten Morgen wieder einsatzbereit, auch wenn ich verkatert war. Das nennt man Anstand. Funktioniert in einer Beziehung übrigens auch dann prima, wenn kein Kind im Spiel ist. Und ja, ich gebe es zu, ich habe mich auch um den Haushalt und die Erstausstattung gekümmert, habe Noras Bauch zweimal am Tag eingeölt. Verklagt mich doch.

PANIK AUF DEN LETZTEN METERN

»Alles ändert sich. Alles, alles wird sich ändern.« Je näher die Geburt rückte, desto öfter hörten wir diesen Satz. Als ob die Leute unbedingt ihre Schadenfreude darüber ausdrücken wollen, dass man sich in die Nesseln gesetzt hat. Wem soll denn damit geholfen sein? Es ist wie die penetrante Ankündigung »Jetzt geht der Ernst des Lebens los!«, mit der arglosen Sechsjährigen Angst vor der Schule eingejagt wird.

Die Umstände mögen sich im Leben hier und da ändern, doch deshalb verändert sich doch nicht gleich der eigene Charakter. Oder die eigene Haltung. Es mag Menschen geben, die sehnsüchtig auf ein Kind warten, um ihr farbloses Leben mit Inhalt zu füllen. Doch von ihren Hymnen muss man sich nicht einlullen lassen. »Ein Kind zu kriegen, ist der unglaublichste und großartigste Moment im Leben eines Menschen!«, werden sie nicht müde zu krähen. Und reagieren gleich muffig, wenn man zu bedenken gibt, dass man den letzten Besuch in der Kneipe auch ziemlich großartig fand.

Das alles sage ich natürlich im Rückblick, als Veteran mit acht Jahren Erfahrung im Feld. Damals, kurz vor der Geburt, war ich ziemlich nervös. Ich wusste ja nicht, ob sie recht hatten, die Alarmisten mit ihrem Getue. Vor lauter Panik kriegte ich Angina und eine Magen-Darm-Infektion, sodass unsicher war, ob ich überhaupt mit ins Krankenhaus zur Entbindung durfte. Kein Wunder angesichts dessen, wie verrückt man gemacht wird.

Bestes Beispiel: die Krankenhaustasche. Gott, was sind wir gequält worden! Von der Hebamme, von anderen Eltern. Es gibt ganze

Ratgeber, die sich nur damit befassen, was man in diese verschissene Tasche packen soll, bevor man sich damit auf den Weg in den Kreißsaal macht. Herrschaftszeiten, möchte man rufen, die Leute haben früher im BUNKER ihr Kind gekriegt. Beim Beerenpflücken, während sie mit der anderen Hand ein Wolfsrudel auf Distanz halten mussten. Da wird man ja wohl eine Krankenhausgeburt schaffen können, ohne drei Monate vorher Hektik wegen einer blöden Tasche zu machen. Im Zweifelsfall kann man alles Nötige schnell an der Tankstelle kaufen. Oder beim Späti. Oder man schnorrt andere Eltern im Krankenhaus an. Die Streber haben bestimmt an alles gedacht.

Ja, es ist aufregend, wenn ein Kind unterwegs ist. Allein schon deshalb, weil man monatelang darauf warten muss. Was Nora und mir in dieser Zeit am meisten geholfen hat, waren ältere Freunde mit Kindern, die uns immer wieder einschärften: Bleibt entspannt, die Natur hat für alles gesorgt, ihr werdet das hinkriegen. Dieses Mantra kann ich uneingeschränkt weitergeben.

Und keine Sorge: Falls mir jemand von euch jemals etwas vorschwärmen sollte, wie »Ich habe auf dem Ku'damm zufällig King Charles getroffen, das war der beste Moment meines Lebens!«, würde ich niemals die Hände in die Hüften stemmen und rufen: »Und die Geburt deines Kindes?!«

▐▐ KLEINE, FEINE ANEKDOTE

Es ist zwei Uhr früh, als Nora von der Toilette kommt und meint, dass ihre Fruchtblase geplatzt sei. Ich bin schlagartig wach und springe auf. Während sie sich bereit macht, gehe ich zum Wäscheschrank und tue das, was mir im Halbschlaf am wichtigsten erscheint. »Was machst'n du da?«, will Nora wissen, als sie fünf Minuten später ins Schlafzimmer kommt. »Na«, sage ich, noch immer nicht richtig wach. »Ich beziehe das Bett neu. Wir kriegen doch gleich Besuch.«

ABGEBEN ODER BEHALTEN?
DIE SACHE MIT DER KONTROLLE

Auf die eigenen Instinkte zu hören, halte ich grundsätzlich für eine vernünftige Strategie. Ich zweifle deshalb nicht an der Expertise von Fachleuten. Ich bin froh, dass es Fachleute gibt. Trotzdem ist ein eigenes Kind doch etwas sehr Persönliches, in der Regel verbringt man mit ihm mehr Zeit als irgendwer sonst. Es kann also irritieren, wenn man die Initiative in die Hände von Außenstehenden legen soll.

Ich habe im Krankenhaus beide Extreme erlebt. Sowohl den Moment, als ich die Kontrolle abgeben konnte, als auch Situationen, in denen ich mir wie ein hysterischer Helikoptervater vorkam.

Wir hatten eine Beleghebamme, deren berlinerisch-burschikose Art im Vorfeld viel Vertrauen spendete. So entschied sie die PDA-Frage gleich mit der Ansage an Nora: »Wenn de keene PDA willst, versuchen wa't, ohne zu machen. Aber unterschreib trotzdem gleich ma den Wisch hier, weil wenn's hart uff hart kommt, haste im Kreißsaal keene Lust, mit Formularen rumzuhantieren.«

Klingt vielleicht etwas hemdsärmelig, war für Nora und mich aber gut anzunehmen. Weil die Hebamme zwar manche Entscheidungen für uns traf, aber nie Zweifel daran aufkommen ließ, dass sie uns ernst nahm. Auch im Kreißsaal erwies sich ihre Herangehensweise als die richtige. Erst lief alles ganz unkompliziert, dann drehte das Kind sich im Becken. Plötzlich schwirrten Wörter wie »Notkaiserschnitt« durch den Raum. Eine Schwester brachte einen Rollwagen voller monströser Apparaturen, um dem Kind Blut am Kopf abzunehmen und den Sauerstoffgehalt zu messen. Ich war wie im Schock, sah die Leben meiner Liebsten in Gefahr.

»Ick würde ihr jetzt ma die PDA geben lassen«, sagte die Hebamme leise zu mir, weil Nora in ihren Presswehen nicht mehr ansprechbar war. Ich nickte, und fünfundvierzig Minuten später war Wanda geboren. Ein Hoch auf die Fachleute, die tolle Hebamme, die Ärztinnen im Kreißsaal, das Anästhesistenteam. Es war das Richtige, sie ungestört ihre Arbeit tun zu lassen und ihnen zu vertrauen.

Dann kamen wir in die Wöchnerinnenstation. Wanda wog nur zweieinhalb Kilo, weshalb sie zwei Tage beobachtet werden sollte, bevor wir mit ihr nach Hause durften. Da saßen wir nun, Nora mit dem Kind auf dem Arm, erleichtert und erschöpft. Plötzlich rauscht eine Schwester zur Tür herein:

»So, was haben wir denn da! Puh, ich reiß erst mal ein Fenster auf, hier ist ja ein Klima wie im Pumakäfig. HAHAHA!«

Die Schwester ist laut. Der kalte Luftzug, den sie erzeugt, riecht nach der Kippe, die sie gerade vorm Notausgang durchgezogen hat. Speckgürtel-Kurzhaarfrisur, schwarz gefärbt. Einhorn-Pins in den blassblauen Crocs.

»Hier sind die Formulare für das Neugeborenen-Screening«, schrie sie dann. »Die können Sie schon mal unterschreiben und ... Oh, das kann da nicht stehen bleiben. Sie haben ja gar keine TASSE! Bin gleich wieder da. Und dann nehm ich Ihre Tochter kurz mit.«

Als wir endlich wieder allein waren, schaute Nora mich unglücklich an. Sie wollte nicht, dass dieser Drachen unser Kind mitnahm. Ich wollte das auch nicht. Deshalb beschloss ich, einfach mitzugehen.

»WAS wollen Sie?«, rief die Schwester empört.

»Ich würde Sie gern begleiten.«

»Aha, okay.« Sie schürzte beleidigt die Lippen. »Sie können uns hier schon vertrauen. Wir machen das nicht zum ersten Mal.«

»Wir aber.«

Es war eine absurde Situation. Und nicht angenehm. Die Schwester zeigte mir mit jeder Geste, wie verletzt sie von meinem Misstrauen war. Ich stand daneben, als sie meine Tochter abtastete, sie wog und ihre Größe maß. In der Tat keine weltbewegenden Eingriffe. Ich verspürte den Drang, mich zu rechtfertigen. Kam mir wie ein Kontrollfreak vor. Dabei hätte ich einfach gern die ersten Augenblicke mit meinem Kind ungestört genossen.

Rückblickend würde ich alles genauso tun. Und ich hätte überhaupt kein Problem mehr damit, den passiv-aggressiven Bullshit der Schwester von mir abperlen zu lassen. Wäre sie ein klein bisschen einfühlsamer gewesen, Nora und ich hätten mit Sicherheit ganz anders reagiert. Schon klar, Krankenhäuser sind riesige Betriebe, die Schwestern sind überarbeitet und unterbezahlt, ein strukturelles Problem. Das aber nicht von jungen Eltern und ihren Neugeborenen ausgebadet werden sollte. Da darf man ruhig egoistisch sein, finde ich. Und auch mal genauer hinschauen, wie die Dinge laufen.

Die Sache mit dem Kontrollverlust ist übrigens ein Thema, das hier noch öfter auftauchen wird. Damit meine ich nicht die Fremdbestimmung durch das Kind selbst, sondern alles drum herum. Zum Beispiel der Moment, wenn man die Leibesfrucht in die Hände von irgendwelchen fremden Menschen (auch Erzieher genannt) geben soll. Lieben heißt loslassen können? Dann probiert das mal aus, wenn ihr selbst betroffen seid.

essen, schlafen, pflegen

So gut wie alles an meinem …
na ja, wollen wir es mal augenzwinkernd
»Erziehungsstil« nennen, beruht auf
Bequemlichkeit. Ich will, dass mein Kind
glücklich ist. Ich will aber auch,
dass ich glücklich bin.

»Iss deine Austern auf, sonst gibt's keinen Kaviar!« – Es ist ein weiter Weg, bis man diesen Satz zu seinem Kind sagen kann. Aber ein Weg, der sich lohnt. Na gut, um ehrlich zu sein: Wanda mag gar keine Austern. Sie sind ihr zu salzig, selbst wenn man das Meerwasser vorher aus der Schale gießt. Dafür mag sie alle anderen Muscheln. Und frischen Oktopus. Sie saugt sogar den Shrimps die Köpfe aus, nachdem sie sie selbst zerlegt hat. Das mache nicht einmal ich.

Zugegeben, es ist vielleicht nicht jedermanns Sache, exotische Tiere zu essen. Von daher werden auch nicht alle Eltern anstreben, diese Vorliebe in ihren Kindern zu wecken. Ich persönlich bin froh, dass ich mit Wanda ins französische Restaurant gehen kann. Es erfüllt mich mit heimlichem Stolz, wenn Kellner und Gäste staunen, was mein Kind alles isst. Das mag damit zusammenhängen, dass ich von allem fasziniert bin, was mit der Gastronomie zu tun hat. Natürlich möchte ich das an mein Kind weitergeben. Aber von vorn.

Kinder haben Grundbedürfnisse. Genauso wie Menschen. Sie wollen essen und trinken und schlafen und kommunizieren. Wie sie diese Dinge tun, hängt in erster Linie davon ab, was sie von ihren Eltern gelernt haben. Ein Kind, das partout nichts essen will außer Pommes, das abends nicht ins Bett geht und nachts fünfzehn Mal im Zimmer der Eltern steht, kann man zwar trotzdem lieb haben. Aber noch schöner ist es, wenn man nicht dauernd mit anstrengenden Sonderwünschen beschäftigt ist.

So gut wie alles an meinem ... na ja, wollen wir es mal augenzwinkernd »Erziehungsstil« nennen, beruht auf Bequemlichkeit. Ich will, dass mein Kind glücklich ist. Ich will aber auch, dass ich glücklich bin. Was ich nicht wäre, wenn sich von früh bis spät alles um das Kind drehen würde. Gut, in den ersten zwei Jahren braucht es die volle Zuwendung. Aber auch diese Aufgabe dürfen Eltern untereinander aufteilen, um sich Freiräume zu schaffen. Außerdem kann man bereits in dieser Zeit die Grundsteine dafür legen, dass man später zusammen mit dem Kind chillen kann, statt sich gegenseitig auf den Zünder zu gehen.

Welche Beikost kann man zum Stillen geben? Ab wann sollte das Kind im eigenen Bett schlafen? Wie kriegt man es dazu, am Abend endlich Ruhe zu geben? Wie redet man mit dem Kind, wenn es sich ausschließlich für Bagger interessiert oder in die berüchtigte Warum-Phase kommt? Sind Kinderwagen so schlimm, wie alle behaupten? Wie schon im Vorwort erwähnt: Auf all diese Fragen habe ich keine pädagogisch wertvollen Antworten. Ich kann nur erzählen, wie Nora und ich es gemacht haben. Trotzdem finde ich, wirkt das hier langsam ziemlich professionell. Vielleicht wird es doch ein Ratgeber.

BRING MIR ZWEI VON JEDER TIERART

Ich musste eine ganze Weile überlegen, wie das mit dem Essen und Wanda am Anfang war. Es scheint wirklich was dran zu sein an dem Mythos, dass sich die Stilldemenz auf den Vater übertragen kann. Vom ersten Halbjahr Elternschaft weiß ich echt nicht mehr viel. Und glaube, dass diese Gedächtnislücke ausnahmsweise mal nicht von den üblichen Drogenexzessen kommt.

Nora hat Wanda gestillt, so viel steht fest. Irgendwann, ich schätze so nach dem vierten oder fünften Monat, fing sie nebenbei an Milch abzupumpen, die wir dann eingefroren haben. Auf die Art konnte auch ich Wanda füttern, wenn Nora mal einen freien Abend brauchte. Sie hat dann außerdem bald einen Minijob angenommen und jeden Samstag Obst und Gemüse auf einem Wochenmarkt verkauft, damit ihr die Decke nicht auf den Kopf fiel. Ich erzähle das nur, um den roten Faden weiterzuspinnen, dass wir neben Wandas Bedürfnissen auch immer auf unsere eigenen gehört haben.

Jedenfalls war es an diesen Samstagen, dass ich damit begann, Brei für Wanda zu kochen. Die gleichen Mahlzeiten, die wir selbst aßen, nur eben ungewürzt und püriert. Nudeln mit Bolo, Kartoffeln mit Rind, Hühnchen und Reis. Oder irgendeine Gemüseplempe aus Zucchini und Pastinake und Sellerie. Was man eben so glaubt, seinem Kind einhelfen zu müssen.

Das Breikochen war in erster Linie ein Ritual für mich selbst. Ich dachte, das macht man so, und fühlte mich dabei sehr väterlich. Wanda zeigte für diese pedantisch befüllten und beschrifteten Gläschen nur wenig Interesse, sie hat vielleicht zwei- oder dreimal davon probiert, und das war's dann. Wahrscheinlich, weil sie sah, dass wir auch nicht aus Gläschen essen. Stattdessen wechselte sie ziemlich übergangslos von Muttermilch zu fester Nahrung. Was wiederum an dem erfahrenen Elternpaar lag, das uns schon während der Schwangerschaft geraten hatte, entspannt zu bleiben.

»Immer rin da«, meinte die Mutter fröhlich und drückte Wanda in die Hand, was immer wir gerade aßen. Zugegeben, es war nicht gleich die Hammelkeule, sondern erst mal wässrige Sachen wie Gurke oder Melone. Das ging dann aber schnell über zu Möhren, Kartoffeln, Nudeln, also handfester Nahrung. Was ziemlich cool war. Wenn ich mir vorstelle, ich hätte mehrmals pro Woche diese dusseligen Breis kochen MÜSSEN ... Nee, echt nicht.

KOSTENLOSER LIFEHACK
Was immer geht: Quetschies. Keine Ahnung, wie die Dinger wirklich heißen, aber es gibt sie an jeder Supermarktkasse im eigenen Aufsteller: püriertes Obst und Gemüse im praktischen Nuckelpack. Jedes Kind liebt sie. Kann man immer dabeihaben und sich vor allem von Verwandten und Freunden schenken lassen. Die nerven ja sowieso ständig rum, ob man noch was fürs Kind braucht, ob sie etwas besorgen können. Deshalb gleich die Pauschalantwort abspeichern: Quetschies. Sind zwar saumäßig ungesund, aber alle kennen ja Adornos schönes Bonmot: »Es gibt kein richtiges Leben im falschen.«

Es gibt bestimmt Kinder, die nicht gleich alles probieren wollen. Ich bin sehr dankbar dafür, dass es bei Wanda so unkompliziert lief, und frage mich, ob es dafür eine Ursache gibt. Vielleicht spielt bereits die Ernährung in der Schwangerschaft eine Rolle? Da habe ich nämlich noch als Koch gearbeitet und Nora entsprechend versorgt. Vor allem in den letzten Wochen vor der Geburt brachte ich regelmäßig Brühe mit nach Hause. Und ich spreche hier von Gastro-Brühe, aus einem riesigen Topf, der die ganze Woche auf dem Herd steht und mit Knochen, Fleisch- und Gemüseabschnitten gefüttert wird. So ein Zeug kann man zu Hause nicht brauen, da sieht keiner die Sonne!

Damit das eigene Kind ein Gourmet wird, können natürlich nicht alle Eltern Köche werden. Aber ich schätze mal, wenn sie selbst gerne genießen und kulinarische Vielfalt zu schätzen wissen, dürfte das ansteckend wirken. Kinder machen ja alles nach, die Einfaltspinsel.

KINDER MÜSSEN DRAUSSEN BLEIBEN

Das Steak durchgebraten bestellen, sich zu zweit an einen Tisch für vier setzen, laut nach dem Kellner oder der Kellnerin rufen – es gibt tausend Arten, sich im Restaurant wie eine Sau zu benehmen, auch ohne Kind. Mit Kind gibt es freilich noch mehr. Ich käme zum Beispiel nie auf die Idee, Wanda schreiend durch den Gastraum toben zu lassen. Deshalb werfe ich nicht gleich missbilligende Blicke in Richtung von Eltern, die so was zulassen. Ich weiß, dass man nicht immer die Kontrolle über alles behalten kann. Außerdem finde ich etwas anderes viel schlimmer: nämlich kinderlose Gäste, die einen schon beim Betreten des Restaurants schief anschauen, weil man es wagt, mit Nachwuchs zu erscheinen. Ich habe schon Sätze gehört wie:»Ist das deren Ernst? Müssen die das ihrem Kind wirklich zumuten?« Als würde man eine Anstandsgrenze überschreiten, als wäre von vornherein klar, dass nun alle darunter leiden müssten.

Wenn ich mit Wanda essen gehe, beschäftige ich mich mit ihr. Wir unterhalten uns, bringen Papier und Stifte mit, damit sie malen kann. Wenn es gar nicht anders geht, das Essen sehr lange auf sich warten lässt, darf sie auch mal Filmchen auf dem Handy anschauen. Das alles tue ich, weil ich ein guter Gast sein möchte, mein ganz persönlicher Spleen. Merke ich aber, dass wir vorverurteilt werden, dass Wanda blöd angeschaut wird, obwohl sie brav ist, kann ich auch anders. Dann lasse ich sie mit den Händen essen und tue es ihr gleich, während wir uns laut über Körperfunktionen unterhalten.

Jeder Mensch hat das Recht, ein Restaurant zu besuchen. Auch Eltern mit nervigen Kindern. Schöner wäre es natürlich, wenn alles reibungslos laufen würde, wenn jedes Kind still und artig auf seinem Platz bliebe. Klappt das mal nicht, ist das für mich der gleiche Fall wie ein schreiendes Kind in der U-Bahn. Nicht schön, aber das ist nun mal der Preis dafür, dass die Menschheit sich fortpflanzen muss, und den darf jeder mit bezahlen. Da sitzen alle in einem Boot.

Ich bin ein bisschen frappiert, dass ich mich hier so als Anwalt der geplagten Elternschaft aufspiele. Doch keine Sorge, ich hüpfe auch manchmal aus dem Koffer, wie folgende Anekdote beweist.

⁇ KLEINE, FEINE ANEKDOTE

Ich sitze auf der Terrasse eines Restaurants in Berlin-Mitte. Hinter mir liegt eine schöne, aber auch anstrengende Woche, in der Wanda bei mir war. Sieben Tage Vater, null Tage Mensch. Dieses Essen ist der erste Moment, in dem ich entspannen und wieder ein wenig zu mir finden kann.
Schon seit meiner Ankunft schreit ein etwa einjähriges Kind in seinem Wagen. Der dazugehörige Vater blättert seelenruhig in seiner Zeitung.
Geschrei ist nicht gleich Geschrei. Es kann verschiedene Nuancen und Stimmlagen haben, mehr oder weniger dringlich sein, an- und abschwellen. Dieses Kind ist der Endgegner. Es schreit dermaßen penetrant und ausdauernd, dass sich mir das Gebrülle

wie Zahnschmerzen ins Nervensystem bohrt. Und ich bin nicht der Einzige, dem es so geht. Auch alle anderen Gäste auf der Terrasse leiden, wie man an ihren Gesichtern erkennen kann. Sie schauen hilflos zur Kellnerin, die jedoch nicht mehr tun kann, als den Vater höflich zu fragen, ob er etwas braucht. Er schüttelt den Kopf.

Wenn ich etwas nicht leiden kann, dann sind es Machtspielchen. Und Unverhältnismäßigkeit. Der Vater wirkt so, als wüsste er ganz genau, dass ihm niemand irgendwas kann. Wer würde denn in Mitte jemanden wegen seines schreienden Kindes an- pflaumen? Hin und wieder macht er halbherzig »Pschscht«, aber im Grunde ist es ihm schnurzpiep- egal, dass er gerade einem Dutzend Menschen die Mittagspause versaut. An einem normalen Tag hätte ich meinen Ärger wohl runtergeschluckt. Doch wie gesagt, hinter mir lag eine Woche als alleinerziehen- der Vater. Ich ging also zu dem Typen hin und erklärte ihm genau das. Dass ich am Ende sei und mal ein paar Minuten ohne Kind bräuchte. Ob er seinen süßen Fratz bitte beruhigen könne.

Derart frontal konfrontiert fragte er weinerlich: »Ja, was soll ich denn machen?«

Das war zu viel für mich: »Vielleicht mal aufhören, Zeitung zu lesen, und dich mit deinem Kind beschäf- tigen? Hier sitzen zehn Leute, die zu höflich sind, was zu sagen, aber jetzt reicht's. Und wenn du es einfach nicht hinkriegst, dann geh.«

Dankbare Blicke trafen mich, von der Kellnerin, von den anderen Gästen. Der Vater ruckelte zwei Minu- ten lustlos am Kinderwagen herum, dann griff er seine Zeitung und zog ab. Ich fühlte mich nicht gut. Aber manchmal geht es eben nicht anders.

ODER DOCH KEIN TIER?

Einen weiteren Punkt zu diesem Thema muss ich noch ansprechen, der sich erst ergeben hat, als Wanda ein eigenes Bewusstsein entfaltete. Angeblich kann man Kleinkinder bereits zu den intelligenten Lebensformen zählen, doch seien wir ehrlich: Bis sie zwei oder drei sind, gehören sie eigentlich eher zum Gemüse. Auf Anregungen und konstruktive Kritik wartet man in diesen Jahren vergebens, da kommt einfach gar nichts. Und natürlich redet man sich im Gegenzug den Mund fusselig, wenn man ihnen etwas beibringen möchte. Irgendwann kommt jedoch der Zeitpunkt, an dem sie erstaunlich aufnahmefähig werden für das, was man ihnen so vorlebt. Und es blind kopieren, was für die Eltern eine gewisse Verantwortung mit sich bringt. Wie schon Homer Simpson sagte: »Kinder sind toll. Man kann ihnen beibringen, die gleichen Dinge zu hassen.«

Es gibt jedenfalls Phasen in meinem Leben, in denen ich ein besserer Mensch sein möchte. Eines der Erscheinungsbilder, in denen sich das äußert, ist der Wunsch, den eigenen Fleischkonsum achtsamer zu gestalten. Als Teenager war ich zwei Jahre lang Vegetarier. Da muss ich nicht unbedingt wieder hin, aber manchmal spüre ich den Impuls, Fleisch als Ausnahme zu betrachten. Es nur dann zu essen, wenn ich wirklich Lust darauf habe. Nicht aus Gedankenlosigkeit.

Als ich Wanda diese Absicht erklärte, wollte sie natürlich sofort mitziehen. Es leuchtete ihr ein, dass es nicht schön ist, Tiere zu töten. Dass man sie wesensgemäß halten und komplett verwerten soll, wenn man sich doch für eine Schlachtung entscheidet. Eigentlich hatte ich gar nicht vorgehabt, ihr kleines Gehirn schon so früh mit derart großen Zusammenhängen zu belasten. Doch ihre Neugier und ihr eifriges Nachfragen führten dazu, dass ich es doch tat.

Wir ernährten uns also einige Wochen lang weitgehend vegetarisch und machten uns dadurch viele Gedanken über unsere Mahlzeiten. Wenn wir Lust auf ein Brathähnchen oder eine andere tierische Köstlichkeit hatten, besorgten wir sie beim Neuland-Fleischer und wertschätzten die Ausnahme.

Solche Phasen sind das Ideal, das ich anstrebe. Versteht sich von selbst, dass ich es nicht immer schaffe, es aufrechtzuerhalten. Wenn der Alltag einen mit seinen Scherereien quält, verliert man schnell die eigene Achtsamkeit aus den Augen und frisst wieder, was einem gerade so vor die Flinte kommt. Perfektion ist eben kein hehres Ziel! Vielleicht erklärt meine Haltung aber, dass ich es ernst nahm, als Wanda neulich zu mir kam und verkündete, dass sie von nun an Vegetarierin sein will. Als Schulkind kriegt sie von ihren älteren Kolleginnen die einschlägigen politischen Strömungen mit und möchte natürlich mitziehen. Das respektiere ich, auch wenn mich die Borniertheit selbsternannter Klima-Apostel stört. Und ich reagiere nicht schadenfroh, wenn Wanda (genau wie ich oft) an ihren eigenen guten Vorsätzen scheitert.

»Papa, ich hab so Lust auf Chicken Nuggets.«

»Okay.«

»Ist da Fleisch drin?«

»Hm, na ja also ... schon, ja.«

»Aber haben die Tiere glücklich gelebt?«

»Hm ... ja, klar. Die haben glücklich gelebt.«

Zu einem sensiblen Umgang mit dem eigenen Kind gehört ein gewisses Maß an Inkonsequenz. Man muss ja nicht christlicher sein als der Papst.

SCHLAFEN IST ÜBERBEWERTET

Im Bettchen ist es am schönsten. Wenn man unter der Decke bleibt, kann einem nichts passieren. Außerdem ist Schlaf ein Heilmittel, das so gut wie alles kuriert. Trotzdem verzichtet man oft auf ihn, um zu arbeiten, Serien zu schauen oder sich die Nacht in der Kneipe um die Ohren zu schlagen. Eigentlich irre, wie unvernünftig man damit ist. Wer jedoch auf der Suche nach der ultimativen Sabotage am eigenen Schlaf ist, dem kann ich wärmstens ein Kind empfehlen.

Schon bevor es da ist, geht das Kopfkino los, das einem jede Menge schweißgebadeter Nächte beschert. Dazu die Kommentare der allgegenwärtigen Klugscheißer, die es auch hier nicht lassen können, einem Angst einzujagen:»Schlafen? Könnt ihr euch für die nächsten einhalb Jahre so was von abschminken. Höhöhö.« Ich kann eine vorsichtige Entwarnung geben: Selbst mit einem neugeborenen Kind kriegt man irgendwie genug Schlaf. Wie würde man sonst überleben? Menschen sind anpassungsfähig, ob es nun um einen Job mit gottlosen Arbeitszeiten geht oder ein Baby, das alle zwei Stunden nach dem Zimmerservice verlangt.

Die beste Strategie ist wie so oft, sich die Belastung aufzuteilen. Zunächst hatte Nora, wie alle stillenden Mütter die Arschkarte gezogen. Füttern konnte nur sie, wofür sie mehrmals pro Nacht geweckt wurde. Ich war fein raus und konnte schlafen. Allerdings tat ich das immer nur ein paar Stunden, dann nahm ich Wanda gegen zwei oder drei in der Frühe auf den Arm und ging mit ihr in die Küche. Die Distanz zur Mutter ist wichtig, nicht nur damit die auch mal in Ruhe schlafen kann, sondern weil Babys kleine Biester sind. Raubtiere, die keine Ruhe geben, solange sie neben sich Beute wittern.

Ich fing in diesen Nächten an, *GEO Epoche* zu lesen, beginnend mit der gerade erschienenen Ausgabe»Der wilde Westen«. Auf die Lektüre eines Romans hätte ich mich nicht konzentrieren können, weil Wanda natürlich meistens nicht schlief, sondern sich darüber beschwerte, dass ihre Muttermilch-Flatrate unterbrochen wurde. Die historischen, aber unterhaltsam geschriebenen *GEO*-Sachtexte waren dagegen genau das Richtige. Ich las in diesen Nächten sämtliche Ausgaben, die ich kriegen konnte, während ich mit Wanda auf dem Arm durch die Küche wanderte. Keine Ahnung, wie viele Kilometer wir in dem kleinen Raum zurückgelegt haben, aber die Strecke muss einem guten Stück des Jakobsweges entsprechen.

Nora war dankbar für diese Entlastung und ging davon aus, dass es ziemlich schwer für mich sein müsse, die zweite Hälfte der Nächte auf diese Art durchzumachen. Lustigerweise wurden die Küchenwanderungen aber zu einem Ritual, auf das ich mich den ganzen

Tag freute. Die Einsamkeit, während die ganze Nachbarschaft schlief, die Zweisamkeit mit meinem Kind, vor allem, wenn es durch meine Schritte irgendwann in den Schlaf gewiegt wurde. Und das Eintauchen in die verrückte Geschichte unserer Spezies, von der Römischen Republik bis zum Fall der Berliner Mauer, von den Inkas zu den Habsburgern, den venezianischen Palazzi am Canal Grande zu den Wolkenkratzern New Yorks. Seit ich Vater bin, kenne ich mich in Geschichte ziemlich gut aus, weiß zu fast jeder Epoche die ein oder andere Anekdote zu erzählen. Was sind im Vergleich dazu bitte ein paar Stunden Schlaf? Darauf kann man doch wirklich verzichten.

HORROR-EINSCHLAFBEGLEITUNG ODER SINGEN, BIS DER ARZT KOMMT

Das klang sehr romantisch, oder? Bestimmt habe ich nur vergessen, wie schlimm das erste Jahr wirklich war. Dafür sorgt ja die perfide Natur. Ich kann es nicht nachprüfen, doch sogar die Erinnerungen an die Geburtsschmerzen sollen sich nach kurzer Zeit selbst löschen. Ein billiger Trick, damit die Mutter sich sagt: War doch halb so wild. Und sich im Anschluss gleich die nächste Plage ans Bein bindet.

Rückblickend denke ich, ich konnte in den ersten Monaten vor allem deshalb so entspannt bleiben, weil ich ohnehin im Katastrophenmodus war. Wer auf das Schlimmste gefasst ist, kann über einen Tritt ans Schienbein nur lachen. Man bleibt auf der Hut, wird von Unregelmäßigkeiten nicht übertölpelt. Dann kam allerdings die Phase, in der ich zu glauben anfing, dass ich wieder ein Stück weit die Kontrolle zurückgewonnen hätte. Zum Totlachen! Wanda schlief inzwischen sechs Stunden am Stück, bevor sie sich nachts zum ersten Mal meldete. Es bildete sich ein regelmäßig wiederkehrendes Zeitfenster am Nachmittag, an dem ich mit ihr ein Nickerchen machen konnte. Läuft, dachte ich. Bald würde sich ihr Schlafrhythmus komplett dem unseren anpassen. Die einzige Herausforderung, die noch blieb, war das abendliche Ins-Bett-Bringen. Ein Klacks.

Aufmerksame Leserinnen und Leser werden gemerkt haben, dass sich eine Lüge in den letzten Absatz geschlichen hat, die dickste Lüge des Jahrtausends. Denn ein Kind ins Bett zu bringen, ein störrisches, überdrehtes, hellwaches Kind, das seine gesamte Lebensenergie darauf richtet, NICHT einzuschlafen, ist der größte Horror, den man sich vorstellen kann. Schon als Teenager musste ich mich mit diesem Problem herumschlagen. Ich verdiente mein erstes Geld, indem ich am Wochenende auf meine dreijährige Cousine aufpasste. Natürlich gehörte es zur Agenda, sie zur Halbzeit meiner Schicht zu einem Mittagsschlaf zu bewegen. Das war doppelt erstrebenswert, weil ich dann in Ruhe ein, zwei Stunden fernsehen konnte.

Die ersten Abende, an denen ich neben Wanda lag, um sie in den Schlummer zu wiegen, fühlten sich an wie ein Déjà-vu. Dieser Kampf, den man in einer scheinbar entspannten Situation austragen muss, dieser Psychokrieg sondergleichen. Man liest Bücher vor mit Titeln wie *Das Pupsi-Küken im Winter-Wonneland,* viermal hintereinander liest man sie vor. Dann singt man Lieder. »Hörst du die Regenwürmer husten, öhö, öhö, wenn sie durchs dunkle Erdreich ziehn, wie sie sich winden, um zu verschwinden, auf Nimmer-nimmer-Wiedersehen.« Auch so eine unverschämte Lüge. Von wegen, auf Nimmer-Wiedersehen, man muss ja sofort wieder von vorn anfangen! Und während man sich derart würdelos abmüht, lässt das Kind einen glauben, man sei auf der Zielgeraden. Die Augenlider werden schwer, sinken langsam herab, der Atem wird ruhig und gleichmäßig. Und dann, kaum bewegt man sich einen Millimeter auf die Bettkante zu: Pling! Sind die Augen wieder geöffnet. »Papa, wo gehst du hin?«

»In den winzigen Rest meines Privatlebens!«, möchte man meckern, tut es aber nicht. Man legt sich wieder dazu und singt von Neuem das Lied von den verfickten Regenwürmern. Ein Glück, dass Liebe im Spiel ist, sonst ließe sich die Schikane unmöglich ertragen.

Die Einschlafbegleitung war nach meinem Empfinden das erste echte Ringen mit der Persönlichkeit meiner Tochter. Mit ihrer Sturheit, ihrer unerschöpflichen Energie. Und genau wie schon beim Babysitten als Teenager war es für mich eine doppelte Niederlage, wenn es nicht klappte. Weil einerseits das bisschen Zeit flöten ging, das ich für mich haben wollte. Und weil mir andererseits das reine Erfolgserlebnis verwehrt wurde. Es gibt nämlich nichts Schöneres, als nach diesen klaustrophobischen Momenten zurück in die wirkliche Welt zu kommen und zu verkünden:»Das Kind schläft.«

Besonders gemein dabei ist übrigens, dass man sich den Sieg meistens selbst verbockt. Weil man zu ungeduldig ist. Die Leibesfrucht schläft friedlich und brav ein, ist aber noch nicht im Tiefschlaf. Deshalb wird sie durch den Krach beim Weggehen aufgeweckt. Lattenroste, Dielenböden und Türscharniere sind Feinde, die nur darauf gewartet haben, sich gegen einen zu verschwören.

Deshalb mein Tipp: einfach noch eine Weile beim Kind liegen bleiben. Kann sein, dass man dabei selbst einschläft, was vielleicht nicht das Schlechteste ist. Hat man allerdings noch einen Funken Leben in sich, empfehle ich die folgenden stillen Beschäftigungen.

TOP 5 DER BESTEN GEDULDSPIELE

1. **Lesen: am besten was anderes als *Das Pupsi-Küken im Winter-Wonneland***
2. **Trinken: am besten Bier, Wein und/oder Schnaps**
3. **Auf dem Handy rumdaddeln**
4. **Nachdenken: über das eigene Leben und fragwürdige Entscheidungen in der Familienplanung**
5. **Das Kind anschauen**

PAPA, DARF ICH BEI DIR SCHLAFEN?

Einschlafrituale sind hilfreich. In den ersten Jahren sind wir dafür manchmal mit Wanda ins Auto gestiegen und durch die Gegend gefahren. Dabei lief die Schrammelmusik meiner damaligen Band

Fuck je t'aime, vor allem das Lied »Du riechst nach Schokolade«. Nach dem zehnten Mal nervte auch das, aber es war immerhin besser als die hustenden Regenwürmer. Und wir fanden es lustig, dass unser Kind am besten zu Geschrei und E-Gitarren wegdämmern konnte.

Eine weitere Sache neben dem WIE, ist die Frage, WO das Kind einschläft. Grundsätzlich bin ich ja der Meinung, dass die Eltern das Tempo festlegen sollten, das sie für sich und ihr Kind am passendsten finden. Wozu die Hektik, spätestens ab der Einschulung sind sowieso alle Abläufe gleichgeschaltet. Da kann man doch bis dahin entspannt bleiben. Leider sehen das die Menschen im Umfeld meistens nicht so. Die mögen's lieber übergriffig.

»Wickelt ihr euer Kind immer noch? Habt ihr ihm wenigstens den Schnuller abgewöhnt? Also die Annelie konnte in dem Alter schon laufen. Und lesen. Und sie hat uns auch immer gern bei der Steuererklärung über die Schulter geschaut. Bitte WAS? Eure Tochter schläft noch mit euch in einem Bett?!«

Wie ich gerade durch Julia Frieses Roman »MTTR« gelernt habe, stammt der Ehrgeiz, das Kind nach der Geburt schnellstens räumlich von den Eltern zu trennen, aus der Zeit des Nationalsozialismus. Persönliche Bindung war nicht erwünscht, das Kind sollte beim Einnehmen seines Platzes im System nicht durch familiäre Loyalitäten irritiert werden. Als sich diese Frage für Nora und mich stellte, wusste ich davon noch nichts. Es bedurfte auch keiner politisch untermauerten Argumentation. Wir entschieden einfach ganz instinktiv, dass es okay ist, wenn Wanda bei uns im Bett schläft. Erst als sie zwei Jahre alt war, siedelten wir sie in ihr eigenes Bett um, das jedoch bei uns im Schlafzimmer stand. Wir taten es nicht, weil wir dachten, es wäre nun Zeit, sondern weil es sich natürlich anfühlte.

Von da aus war es schließlich nur noch ein kleiner Schritt, sie in ihr eigenes Zimmer zu bringen. Es kam zwar bisweilen trotzdem vor, dass sie nachts zu uns unter die Decke kroch, aber der Prozess war vollzogen. Wanda konnte allein schlafen und einschlafen. Wir hatten sie und uns behutsam dorthin geführt. Dann kam die Trennung.

Plötzlich gab es zwei Wohnungen, zwei Kinderzimmer, zwei Betten, zwei Leben. Nora und ich entschieden uns von Anfang an für das Wechselmodell. Wanda verbrachte jeweils die eine Hälfte der Woche bei mir, die andere bei Nora. Versteht sich von selbst, dass sie in dieser Zeit der Umbrüche ein gesteigertes Bedürfnis nach Nähe verspürte. Es wurde schwierig, sie abends ohne Tränen ins Bett zu bringen. In der Dunkelheit schien ihr viel deutlicher bewusst zu werden, dass wir keine Familie mehr waren.

Natürlich nutzte sie die neue Situation auch, um Grenzen auszutesten. Sie merkte recht schnell, welche Wirkung es hatte zu sagen:»Ich bin traurig, weil ich nicht bei Mama sein kann.« Das gleiche Spiel bei ihrer Mutter. Da sprach nicht immer der Kummer aus ihr, sie tat eben, was nötig war, um noch aufbleiben zu dürfen. Kinder sind skrupellose Opportunisten, da darf man nicht zimperlich sein. Zum Glück tauschten Nora und ich uns über diese Moves unseres Kindes aus und konnten ihnen so die Spitze nehmen. Wer miteinander redet, kann nicht gegeneinander ausgespielt werden.

Das soll derweil nicht heißen, dass ich Wanda in dieser Zeit immer eiskalt abblitzen ließ. Wir schliefen oft zusammen in meinem Bett, so oft, dass ich sie am Ende ein zweites Mal entwöhnen musste. Als das geschehen war, kam die nächste Unregelmäßigkeit: Nora war wieder schwanger, Wanda sah ein kleines Schwesterchen auf sich zukommen. Neben der Freude darüber kamen die üblichen Ängste, weshalb ich es für angebracht hielt, ihr eine Komfortzone zu schaffen. Soll heißen, sie durfte in dieser Zeit wieder bei mir schlafen. Was anschließend zur dritten Entwöhnung führte.

Diese Aufzählung soll eigentlich nur verdeutlichen, dass niemand in einem statischen Modell lebt. Die Umstände ändern sich, und es ist keine Schande, sich ihnen flexibel anzupassen. Wir leben schließlich nicht mehr in den 30er-Jahren. Grundsätzlich gilt: Es gibt keine Regeln, man muss einfach das Richtige tun.

Im Übrigen ist es ja manchmal sehr schön, zusammen mit meiner Tochter einzuschlafen, sie in der Nacht atmen zu hören, sie morgens erwachen zu sehen. An anderen Abenden will ich lieber für mich sein, in Ruhe lesen, Musik hören und ein wenig am Whiskey nuckeln. Da muss ich ihr dann leider einen Korb geben. Was meine Mutter wiederum so kommentiert:»Genieß es, solange sie noch bei dir schlafen will. In ein paar Jahren kommt sie in die Pubertät und dann bist du sowieso abgeschrieben.« Womit die alte, weise Frau vermutlich genauso recht hat wie mit allem anderen, was sie verzapft.

SCHLIMMER ALS EIN TAMAGOTCHI

»Papa, kannst du mir den Pony schneiden? Papa, ich will auf den Arm. Papa, ich hab Hunger.« Blablablabla. Kinder wollen immer irgendwas. Immerzu wollen sie was. Ein Patient mit Pflegestufe 3 ist ein Witz gegen das, was die einem jeden Tag zumuten. Und das Schlimmste: Man kann es ihnen nicht einmal vorwerfen. Schließlich war man selbst der Esel, der es für nötig befand, sich fortzupflanzen.

Verlässt man das Haus, dann meistens für sie. Um sie zur Kita zu bringen oder auf den Spielplatz zu gehen. Das heißt jedoch nicht, dass es damit getan wäre. Man muss zusätzlich an tausend Sachen denken, an Taschentücher, an etwas zu trinken, an zusätzliche Kleidungsstücke, damit der Nachwuchs nicht friert oder schwitzt – sogar daran, das verdammte Lieblingsspielzeug der lieben Kleinen mitzunehmen, denn nicht mal das können sie selbst. Wenn es fehlt, erinnern sie einen daran, aber natürlich erst, wenn es zu spät ist. Und dann geht das Gezeter los, dann ist Polen so was von offen.

Mit anderen Worten: Kinder sind pflegebedürftig. Das ahnt man natürlich schon, bevor sie da sind, hegt aber die romantische Vorstellung eines süßen, menschlichen Tamagotchis, das einem genau anzeigt, ob es gefüttert, gewickelt oder gestreichelt werden möchte, und wenn dieses Bedürfnis befriedigt ist, piepst es fröhlich und lacht.

Leider ist die Wirklichkeit viel komplexer. Kinder wissen oft überhaupt nicht, was sie wollen. Sie nörgeln herum, über jeden Mist muss man mit ihnen diskutieren. Und auf Dankbarkeit, haha, da kann man lange warten. Mein *favorite*: Ich erhalte einen Auftrag von Wanda, zum Beispiel, den Kopf ihrer Puppe, den sie aus irgendeinem Grund abgerissen hat, wieder am Körper zu befestigen. Und während ich mich schwitzend und schimpfend damit abmühe, kommt bereits die nächste Anweisung: »Papa, ich hab Durst.« Im Bergwerk geht es gediegener zu und da gibt es wenigstens Gewerkschaften.

Am besten ist: Ruhe bewahren! Kinder sind wie Spinnen, sie haben genauso viel Angst vor dir wie du vor ihnen. Man kann ihnen zeigen, dass man selbst auch Bedürfnisse hat. Beispielsweise das Bedürfnis, nicht zum neunundzwanzigsten Mal »Hoppe, hoppe, Reiter« zu spielen. Es ist nicht die Schuld der Kinder, dass wir sie in die Welt gesetzt haben. Trotzdem gilt selbst für Eltern: Die Würde des Menschen ist unantastbar. Man muss nicht bei jedem Kinderwunsch springen. Denn fällt er in den Sumpf, dann macht der Reiter plumps.

WIE MAN IN DEN WALD HINEINRUFT

Ein wichtiger Punkt, den ich noch in den Bereich »Pflege« einordnen würde, ist die Art, wie man mit seinem Kind spricht. Das kann man tun wie ein normaler Mensch, man kann es aber auch so machen: »Wo ist der Oskar? Ja, wooo ist der Oskar denn? Da ist der Oskar, DAAAA ist der Oskar. Utzidutzidutziduuu.«

Ich weiß, viele Leute glauben, das geht so. Sie haben es unzählige Male bei anderen Eltern gehört, die sich genauso verhalten. Ich kann jedoch an dieser Stelle versichern: Das geht so NICHT. Es klingt scheiße, das dazugehörige hysterisch-fröhliche Gesicht sieht scheiße aus, alles in allem eine hochnotpeinliche Angelegenheit. Ich stelle mir immer vor, die derart adressierten Kinder könnten verstehen, was man da vor ihnen verzapft. Die müssen doch zu Recht annehmen, dass man nicht mehr alle Schalen an der Zwiebel hat. Wie sollen sie vor so was Respekt entwickeln?

Auch Kosenamen sind so eine Sache. Ganz ehrlich, ich finde, man sollte sie nur aus dem Namen des Kindes ableiten, also zum Beispiel Gusti statt Gustav. Alles andere ist für meine Ohren eine Zumutung. »Kuckuck! Schau mal hierher, Mäuschen. Kuckuck! Hier bin ich! Na, wer ist denn da? Mäuschen. MÄUSCHEN!«

Wanda war noch kein Jahr alt, als sie zum ersten Mal als Mäuschen angesprochen wurde. Die Worte blubberten aus einer nicht näher zu bezeichnenden Verwandten heraus. Schon damals glaubte ich, bei Wanda eine hochgezogene Augenbraue zu bemerken. Ein kurzer Blick, der zu besagen schien: *What the fuck*?! Wahrscheinlich, weil sie solche verbalen Hätscheleien von Nora und mir noch nie gehört hatte.

Hase, Zwerg, Augenstern ... Man kann seinem Kind wirklich bekloppte Kosenamen geben. Aber klar, dürfen natürlich alle handhaben, wie sie möchten. Nur bitte möglichst nicht in der Öffentlichkeit. Nicht jeder will wissen, wie zuckersüß und kuschelig-flauschig es in manchen Haushalten zugeht. Das ist, als würde man ein fremdes Badezimmer betreten, nachdem dort gerade jemand geduscht hat. Viel zu intim!

Ich gebe zu, dass auch ich mich in dieser Beziehung nicht immer mit Ruhm bekleckert habe. Konkret erinnere ich mich an ein Handyvideo, das Nora irgendwann von mir und Wanda aufnahm, als wir gerade spielten und miteinander plauderten. Bis dahin war ich der Meinung gewesen, mit Wanda genauso zu sprechen wie mit jedem anderen Menschen. Doch als ich das Video später anschaute, fuhr mir der Schreck in die Glieder: War ich wirklich dieser knuffige Knuddel-Daddy, der mit seiner schelmischen Schmunzelmonsterstimme auf sein Kind einredete? Ich hätte im Boden versinken können. Ein Wunder, dass Nora nicht schreiend davongerannt ist.

Fairerweise muss ich außerdem einräumen, dass Kinder es einem nicht leicht machen, ein würdevolles Mitglied der Gesellschaft zu bleiben. Sie haben das Talent, einen in ihre Gedankenwelt hineinzuziehen, was je nach Alter des Kindes fatale Folgen nach sich ziehen kann. Konversationen wie diese sind keine Seltenheit.

Wanda:»Kuck mal, ein Bagger!« – Ich:»Stimmt.«
»Ein gelber!« – »Ja.«
»Hast du den Bagger gesehen?« – »Ja.«
»Hast du auch richtig hingeschaut?« – »Jaaa.«
»Warum stehen wir hier?« – »Weil die Ampel rot ist.«
»Und wann gehen wir weiter?«– »Wenn sie grün wird.«
»Warum?« – »...«

Man bleibt geduldig, erklärt dem Kind alles, so gut man kann. Leider geht dieses Spiel von morgens bis abends. Da muss man doch weich in der Birne werden! Ist ja nicht so, dass das Hirn großartig stimuliert wird, wenn man sich in Denkmustern von Dreijährigen bewegt. Außerdem muss man immer nach unten schauen! Den ganzen Tag schaut man nach unten, weil Kinder nun mal in der Nähe des Bodens leben. Das schränkt den Horizont ziemlich ein und so lernt man auch keine vielversprechenden Frauen kennen.

Viel mehr kann ich zu dem Thema nicht sagen. Außer eben, dass es nicht leicht ist, im Gespräch mit dem Kind den richtigen Ton zu treffen. Einerseits zugewandt und offen zu sein, ohne sich andererseits völlig zum Affen zu machen.

KEIME, KEIME, KEIME

Ich bin ein Mann. Als solcher fange ich mir ungern Erkältungen ein. Erkältungen sind, wie jeder weiß, bei Männern tausendfach schlimmer als bei Frauen. Oder um es mit Jochen Schmidt zu sagen:»Der männliche Körper ist wie ein Turm, nimmt man ein Steinchen heraus, fällt alles in sich zusammen.« Wenn ich krank bin, leide ich wie ein Hund, meistens nicht lange, dafür umso heftiger. Ich kann nichts tun außer liegen und schlafen und jammern, dabei gibt es so viel zu tun. Als Mann muss man den Laden schließlich am Laufen halten!

Es wäre von daher anzunehmen, dass ich jede Situation vermeide, in der ich mich erkälten oder anstecken könnte. Viele Jahre lang habe ich das auch so gehandhabt, war wachsam und vorsichtig und ergo nur selten krank. So hätte es eigentlich für immer weitergehen können ... bis ich auf die bizarre Idee kam, Vater werden zu wollen.

Kinder sind andauernd krank. Keine Ahnung, wie sie das anstellen, aber sie fangen sich jeden Rotz ein, der um sie herumschwirrt. Den bereiten sie dann genetisch so auf, dass er perfekt zum Organismus der Eltern passt und sich nicht lange mit deren Immunsystem aufhält. Ich war noch nie so oft erkältet wie in Wandas ersten zwei Lebensjahren. Und dann kam sie in die Kita, wodurch ich nicht nur ihre Keime abkriegte, sondern auch noch die aller anderen Kinder.

Das Gute an der Sache ist, dass Wanda nie lange krank ist. Ein bisschen Husten, ein bisschen Schnupfen, vielleicht mal eine leicht erhöhte Temperatur, dann ist sie wieder topfit. Offensichtlich kommt sie nach ihrer Mutter, die bei Weitem nicht so zart besaitet ist wie ich.

Das Blöde ist derweil, dass man nicht nur zur Kinderärztin beziehungsweise zum Kinderarzt muss, wenn das Kind krank ist, sondern auch, wenn es nicht krank ist. Andauernd steht irgendeine Impfung an oder die U2, die U4, die U5. Zur Info für die Menschen, die den Spaß erst noch vor sich haben: Es handelt sich dabei nicht um Berliner U-Bahn-Linien, sondern um Vorsorgeuntersuchungen, die in bestimmten Lebensmonaten absolviert werden müssen, um den Entwicklungsstand des Kindes zu begutachten. Und das bis ins Jugendalter. Es bieten sich also jede Menge Gelegenheiten, diverse Wartezimmer von innen zu erleben. Dort sitzt man dann inmitten von schreienden, röchelnden Kleinteilen, es riecht nach Weichspüler und fettigem Haar. Man spürt förmlich, wie sich ein feiner Sprühregen von Bazillen auf die eigene Haut legt, auf die Bronchien und das Gemüt. Krankenhäuser sind der Vorhof zur Hölle, und Wartezimmer beim Kinderarzt sind der Vorhof zum Krankenhaus.

Sollte ich also noch nicht genug Gründe aufgezählt haben, warum man sich die Sache mit dem Nachwuchs lieber zweimal überlegen sollte, gibt dieser vielleicht den Ausschlag. Lasst es lieber bleiben und erfreut euch eurer Gesundheit.

TOP 5 DER BESTEN KINDERSEUCHEN

1. **Läuse**
2. **Maul- und Klauenseuche (auch scherzhaft Hand-Fuß-Mund-Krankheit genannt)**
3. **Würmer**
4. **Magen-Darm**
5. **Noch mal Läuse**

KINDER SIND KEIN GEFAHRENGUT

Wenn Kinder noch klein sind, können sie sich schlecht bis überhaupt nicht fortbewegen. Es fällt deshalb – wie alles andere auch – in den Aufgabenbereich der Eltern, sich um ihren Transport zu kümmern. Als Wandas Ankunft näher rückte, stellte ich mir zum ersten Mal die Frage, wie dies zu bewerkstelligen sei. Das Naheliegendste war ein Kinderwagen, weil ich das von mir selbst kannte. Meine Mutter hatte mich früher durch die Gegend geschoben, während ich selig auf trockenen Brotrinden herumkaute. Eine solch idyllische Erinnerung wollte ich auch meinem Kind bescheren. Bekam dann jedoch vom Internet die spinnerte Theorie vor den Latz geknallt, dass Kinderwagen die Ausgeburt des Bösen seien. »Wie soll bitte ein Bonding zwischen Vater und Kind stattfinden, wenn man das Kind von sich WEGSCHIEBT?!« So in etwa der Tenor. Ich weiß nicht, ob ich es schon erwähnt habe, aber zur Sicherheit: Man muss nicht wegen jedem Mist ins Internet schauen. Damit macht man sich nur verrückt.

Nora und ich besorgten uns einfach beides. Tragetuch und Kinderwagen. Einen gebrauchten, robusten, nicht sonderlich schicken Kinderwagen. Es gibt natürlich auch diese Designerkisten, die so viel kosten wie ein Kleinwagen, aber wer so etwas kauft, hat die Kontrolle über sein Leben verloren. Außerdem brechen den Dingern bei der kleinsten Unebenheit die Räder ab und man ist damit zehnfach gelackmeiert, bevor das Kind zum ersten Mal »Blubb« sagen kann.

Ein Kinderwagen sollte beschaffen sein wie ein Panzer. Dann kann man damit nämlich nicht nur das Kind transportieren, sondern auch alles andere. Einkäufe, Jacken, Bier, Badesachen, was einem gerade so einfällt. Das ist sehr praktisch. Weniger praktisch ist allerdings, dass für den Kinderwagen eine gewisse Barrierefreiheit erforderlich ist. Gerade in einer Stadt wie Berlin ist das mitunter problematisch. Hier sind nämlich grundsätzlich alle Rolltreppen und Fahrstühle defekt. Einen leichten Buggy kann man durchaus mal die Treppe hochtragen, aber nicht einen schwer bepackten Streitwagen.

Dazu kommt eine Sache, die mit zu den größten Enttäuschungen meines Lebens zählt. Von klein an wurde mir von meinen Eltern eingetrichtert, dass man hilfsbedürftigen Menschen die Türen aufhält. In Einkaufszentren, öffentlichen Gebäuden, *whatever.* Jahrzehntelang tat ich also genau das, hielt alten Leuten, Menschen im Rollstuhl und vor allem Menschen mit Kinderwagen die Türen auf.

Nach Wandas Geburt dachte ich: Endlich ist es so weit. Jetzt bin ich dran. Nach all den Jahren als demütiger Kavalier kann ich die wohlverdiente Ernte einfahren. Jetzt müssen andere mal für mich einen Bückling machen. Frohlockend drehte ich mit Wanda meine Runden und hielt Ausschau nach belebten Einkaufspassagen. Doch was soll ich sagen? Ich wurde bitter enttäuscht. Auch das mag am ruppigen Berlin liegen, aber mir hat so gut wie nie jemand die Tür aufgehalten. Vor allem Frauen haben die Eigenart, in ein Gebäude zu stürmen, ohne jemals über die eigene Schulter zu schauen. Ein holdes Versprechen also, das unser Kinderwagen nicht einlösen konnte. Ich griff daher im ersten Jahr oft zum Tragetuch. Es war zwar immer ein Heckmeck, das Ding zu binden, ohne Nora wäre ich aufgeschmissen gewesen. Außerdem sieht man damit aus wie ein verzauberter Hippie, was auf viele abschreckend wirken mag. Dafür hat so ein Tragetuch etliche Vorteile. Gut, dass ich zu jeder Jahreszeit geschwitzt habe wie ein Schweinebraten, gehört vielleicht nicht dazu. Wanda war wie eine Wärmflasche, wenn sie an mir hing, regelmäßig bildeten sich zwischen uns Rinnsale von meinem Schweiß. Dafür schlief sie immer irgendwann ein, wenn sie getragen wurde. Und ich hatte weitgehend die Hände frei, um zu tun, was ich tun wollte.

Für größere Kinder, also sagen wir ab dem zweiten Lebensjahr, gibt es Tragesysteme, die einfacher zu handhaben sind als ein Tuch. Manche nutzen die schon für ihre Säuglinge, was meist unglücklich aussieht. Die armen Dinger kleben wie Pflaster am Bauch ihrer Eltern, das kann ja nicht gesund sein. Gleicher Merksatz wie beim Designerkinderwagen: Nur weil etwas unverschämt teuer ist, muss es nicht gut sein. Aber wenn ihr euer Geld trotzdem zum Fenster rauswerfen wollt, lest wenigstens die Gebrauchsanweisung oder schaut euch YouTube-Tutorials an oder was weiß ich.

Das waren jetzt nicht mal mehr Ratschläge, sondern fast schon Anweisungen. Sieht so aus, als würde ich langsam auf Betriebstemperatur kommen. Letztes Endes bin ich da vollkommen emotionslos. Es spielt keine Rolle, wie man die Kleinteile von A nach B bewegt. Kinder sind kein Gefahrengut, also muss man auch nicht so einen Wind um den Transport machen.

🟆🟆 KLEINE, FEINE ANEKDOTE

Ich betrete die Eckkneipe in unserem Kiez und zeige wortlos auf einen der Zapfhähne. Schweigend warte ich, bis das kleine Bier vor mir steht, trinke und zahle, ohne einen Laut von mir zu geben. Auch in der nächsten Kneipe, ein paar Straßen weiter, verfahre ich so. Die Wirte kennen mich, sie sind genauestens instruiert und vermeiden sorgfältig, beim Einschenken mit den Gläsern zu klirren. Sie sehen mich zwar nicht jeden Tag, aber zwei- bis dreimal pro Woche können sie auf mich zählen. Diese Spaziergänge sind ein erfreuliches Ritual. Ich kriege Bewegung, bin an der frischen Luft, greife mit meinem Konsum der Gastronomie unter die Arme und komme in Kontakt mit fröhlichen Menschen. Klar, nur per Blickkontakt. Eine Unterhaltung wäre auch mal ganz nett, aber man kann eben nicht alles haben. Meine Stimme würde Wanda in der Bauchtrage wecken. Deshalb gilt es zu schweigen, schließlich bin ich nur unterwegs, damit sie ihren Mittagsschlaf machen kann. Na ja, vielleicht nicht nur. Als Vater muss man sehen, wo man bleibt.

spielen, spiel platz, heiter keit

Der Spielplatz ist eine Prüfung für den Charakter. Denn es ist meistens der Ort, an dem man zum ersten Mal auf die unliebsamen Artgenossen trifft – Eltern auf andere Eltern, Kinder auf andere Kinder.

Ich würde sagen, es ist Zeit, ans Eingemachte zu gehen. Bis jetzt war ja alles nur Geplänkel, ein zaghaftes Rühren in seichten Gewässern. Mit Sicherheit gibt es vereinzelte Leserinnen und Leser, die sich trotz meiner bisherigen Ausführungen immer noch ein Kind wünschen. Die glauben, na, wenn das alles ist, kann das Ganze ja nicht so schlimm sein. Großer Fehler! Wenn ich eins in meinem Leben als Vater gelernt habe, dann diese unumstößliche Tatsache: Es geht immer noch viel schlimmer.

Beim Blick auf die verschiedenen Bedürfnisse, die es bei einem Kind zu beachten gilt, habe ich bis jetzt ein ganz entscheidendes Bedürfnis ausgespart. Weil es so komplex ist, dass es eine ganz besondere Aufmerksamkeit verdient hat: Ich spreche vom Spieltrieb.

»Der tut nichts, der will nur spielen!« Diesen Satz, der gern über gemeingefährliche Kampfhunde gesagt wird, die sich bereits im Sprung befinden, um einem ihre Fänge in die Halsschlagader zu graben, kann man ebenso gut auf Kinder anwenden. Kinder wollen immer nur spielen. Sie wollen Playmobil spielen und Verstecken und Lego. Von früh bis spät. Das wäre okay, wenn sie es allein tun würden. Leider tun sie das nicht. Sie wollen, dass ihre Eltern mitmachen.

Mir klingen noch immer die hoffnungsfrohen Prophezeiungen verzauberter Bekannter in den Ohren. Nach dem Motto: »Du wirst dich mit deinem Kind lachend im Dreck wälzen. Ihr werdet gemeinsam spielerisch die Welt entdecken!«

Wenn ich daran denke, fällt mir nur eine passende Antwort ein: Papperlapapp! Ich möchte mich nicht im Dreck wälzen. Schließlich bin ich ein erwachsener Mann. Reicht es nicht, dass ich von früh bis spät am Rennen bin, um das Kind zu füttern und in die Kita zu bringen? Muss ich auch noch Sandburgen bauen und debile Kinderbücher vorlesen? Die Antwort, die das Leben und insbesondere Wanda mir darauf geben, ist leider: Ja, muss ich. Also tue ich es, mit einem Lächeln, das so strahlend ist, dass meine Zähne knirschen. Aber dann will ich mir wenigstens das Recht vorbehalten, darüber zu schimpfen!

SPIEL MIR DAS LIED VOM TOD

Spielen, so wie Kinder es tun, ist unfassbar langweilig. Wenn es das nicht wäre, hätten wir ja selbst nicht damit aufgehört, als wir in die Pubertät kamen, oder? Letztendlich läuft es darauf hinaus, dass man immer wieder das Gleiche tut. Bau die Sandburg auf, mach sie kaputt, bau sie noch mal auf und sie muss wieder dran glauben. Das Einzige, was einem dabei helfen kann durchzuhalten, ist die eigene Nostalgie. Als ich noch klein war, habe ich sehr gern mit Playmobil gespielt. Es ist daher nicht uninteressant zu sehen, wie sich die Marke entwickelt hat, welche Neuheiten erschienen sind. Auch ich habe Freude daran, ein gerade gekauftes Paket zu öffnen und die Almhütte von Heidis Alm-Öhi oder eine Feengrotte mit funktionierendem Springbrunnen aufzubauen. An diese kindischen Anwandlungen klammere ich mich wie ein Ertrinkender an eine Holzplanke. Damit ich nicht vor lauter Monotonie zu Asche zerfalle, wenn Wanda das Set zum zehnten Mal in Folge aufbauen will.

Dazu kommt, dass ich mich leider nicht mit jedem Spielzeug meines Kindes identifizieren kann. Zum Beispiel mit dem vermaledeiten Kaufladen. Herrgott, wie ich den hasse! Anfangs war er ja ganz praktisch. Er war die ideale Antwort auf die penetrante Frage, die Verwandte andauernd stellen, ob zu Weihnachten, Ostern oder dem Geburtstag des Kindes: »Was sollen wir ihr denn schenken?«

Mit dem Kaufladen in der Hinterhand war dieses Problem vom Tisch. Wanda bekam ein Jahr lang Holzobst, Holzgemüse, Pappschachteln und kleine Einkaufskörbe. Im Gegenzug musste ich allerdings ständig in ihrem Zimmer erscheinen, um Marktwirtschaft zu spielen.

»Aber nur noch einmal!«

»Nein, dreimal. Und danach kaufe ich bei dir ein, okay?«

Versteht sich von selbst, dass nicht alle Familienmitglieder so anständig sind, beim Schenken die betroffenen Eltern zu konsultieren. Das führt dazu, dass sie mit hässlichem, platzraubendem

Mist anrücken, der womöglich sogar noch Geräusche macht. In solchen Fällen muss man gnadenlos sein. Kein Raum für falsche Sentimentalität! Einfach den richtigen Moment abpassen und das Zeug in den Müll schmeißen. Natürlich so, dass die Leibesfrucht nichts davon mitkriegt, sonst hängt der Haussegen schief. Gelingt es einem jedoch, das unerwünschte Spielzeug unauffällig zu entfernen, macht man meistens die befriedigende Erfahrung, dass das Kind sich kein bisschen daran erinnert. Das perfekte Verbrechen! Und falls es doch etwas merkt, empfiehlt sich die Flucht nach vorn: »Weiß ich doch nicht, wo du deine Sachen hingepackt hast. Ist auch kein Wunder, bei dem Saustall in deinem Zimmer!«

Was ich mir gerade noch so gefallen lasse, ist das tägliche Toben. Ich weiß nicht, ob Wanda von Natur aus so eine wilde Rabaukin ist oder ob sie das erst durch mich wurde, aber sie liebt Raufereien. Ob auf dem Sofa oder im Bett: Völlig unvermittelt stürzt sie sich auf mich und will gekitzelt werden. Dabei lacht sie Tränen und schlägt und tritt um sich. Was ziemlich gefährlich werden kann, vor allem für mich als männliches Elternteil. Kinder treten genauso fest zu wie Pferde und es ist ihnen völlig egal, was sie treffen. Aber ich erwische mich manchmal sogar dabei, wie ein zartes, flüchtiges Lächeln über mein Gesicht huscht.

Was ich mir dagegen nur schwer gefallen lasse, sind Gesellschaftsspiele. Seit Wanda fünf Jahre alt ist, wird sie zunehmend zur Zockerin. *Mau-Mau, Mensch ärgere dich nicht, Sagaland* ... schieß mich tot. An sich mag ich solche Spiele ganz gern, da fällt der Apfel nicht weit vom Stamm. Leider darf ich aber nicht nach bestem Wissen und Gewissen an die Sache herangehen. Wenn es nämlich ausnahmsweise mal vorkommt, dass Wanda eine Runde von fünfundzwanzig nicht gewinnt, gibt es sofort Geschrei und Tränen.

Kinder sind die schlechtesten Verlierer der Welt. Sie können nicht einfach die Freude am Spiel genießen und nicht abwägen, dass eine Quote von 25:1 ziemlich gut ist. Sie wollen gewinnen. Und wenn man den Ärger über diese Taktlosigkeit herunterschluckt, sind sie keineswegs zufrieden. Denn einfach die Hände in den Schoß zu legen und sie gewinnen zu lassen, ist keine Option. Man muss glaubhaft vortäuschen, dass man sich alle Mühe der Welt gegeben hat und trotzdem keine Chance hatte gegen diese Übermacht an Geschick und Gerissenheit. Eine Farce!

Am sinnvollsten ist es deshalb, sich ein Spiel auszusuchen, in dem man wirklich schlechter ist als das eigene Kind. In meinem Fall das klassische *Memory*. Keine Ahnung, warum ich dabei dermaßen abkacke, früher war ich darin gar nicht so schlecht. Doch Wanda macht mich mühelos fertig, ein ums andere Mal. Da muss ich nicht mal so tun, als würde ich mich vergeblich anstrengen.

Bald wird sie groß genug sein für Klassiker wie *Risiko* und *Monopoly*. Da sehe ich viel Frust und Streit auf uns zukommen. Aber man muss den lieben Kleinen ja nicht ständig mit vorauseilendem Gehorsam begegnen. Sie müssen schließlich auch irgendwann lernen, mit Niederlagen umzugehen. Falls dann der Dachstuhl in Flammen steht, kann man sich immer noch im Badezimmer einschließen. Oder man geht an die frische Luft, an einen ganz speziellen Ort. Kinder lieben ihn, Erwachsene versuchen eher, ihn zu meiden. Zumindest versuche ich ihn zu meiden, seit mir das unbarmherzige Schicksal ein Kind in die Wiege gelegt hat. Dieser Ort nennt sich Spielplatz, ein Euphemismus, der einem glatt die Hosen auszieht.

DER SPIELPLATZ – EINE MOMENTAUFNAHME

Der Vater des anderen Kindes schaut mir tief in die Augen. In seinem Blick liegt ein verhängnisvolles Flirren. Es scheint ihm wirklich wichtig zu sein, dass mir keines seiner Worte entgeht:

»Der Aaron geht jetzt schon ganz allein aufs Klettergerüst. Da muss ich immer fix sein, um hinterherzukommen. Ein richtiger Frechdachs ist das. Bin schon ganz aus der Puste. Aber deine Kleine ist ja auch flink unterwegs. Wie alt?«

»Zweieinhalb«, drücke ich aus dem Mundwinkel.

»Schön. Das ist das ALLERschönste Alter. Als der Aaron so alt war, war er am süßesten.«

»Wer ist Aaron?«

»Na, mein Sohn hier.«

Ich schaue dem fremden Jungen zu, wie er lieblos mit einem Stock auf die Wiese eindrischt. Meine Halsschlagader schwillt jedes Mal an, wenn er damit Wandas Gesicht zu nahe kommt. Schließlich greift er nach einer ihrer Kinderschaufeln. Ich weiß, was nun kommt.

»Aaron«, sagt der Vater gedehnt. »Hast du das Mädchen gefragt, ob du ihre Schaufel nehmen darfst?« Aaron stiert vor sich hin. »Man muss immer erst fragen, bevor man was nimmt. Nein, NEIN, da brauchst du jetzt nicht zu weinen. Das gehört sich einfach nicht. Leg die Schaufel zurück. Und dann noch mal von vorn.«

»Schatzi«, müsste ich meine Tochter jetzt fragen, »darf der Aaron eine von deinen Schaufeln haben?« Woraufhin sie genauso vor sich hin stieren würde. Auf die Art können sich Eltern die Bälle zuspielen, bis der Kosmos in einem Feuerwerk der Fremdscham implodiert.

Ich durchbreche also die Kette und schweige. Stattdessen nehme ich einen Schluck aus dem Flachmann und halte ihn dann dem Vater hin, wobei ich nicht ihn, sondern Aaron anschaue.

»Na, will dein Papa vielleicht einen Schluck Tütü für seine Nerven?«

Im nächsten Moment sind wir wieder allein. Ein paar Meter weiter redet ein anderer Vater auf seinen Sohn ein: »Nein, wenn wir hier auf dem Spielplatz sind, nenn mich lieber LARS. Weil PAPA heißen hier noch ein paar andere. Da kommt man sonst durcheinander.«

Ein Mädchen, das gerade erst laufen kann, macht sich umständlich an der Holztür zu schaffen, die den Spielplatz zur Straße begrenzt. Ein ums andere Mal drückt sie sie auf und kriegt das Holz beim Zurückschwingen an den Schädel.

»Ja, so ist das«, sagt ihr nahebei stehender Daddy süffisant. »Da musst du selbst mit klarkommen. Schau dir an, was die Tür macht, und ... Ja, das tut weh, das kann ich mir vorstellen. Solche Sachen musst du noch lernen. Genau deshalb gehen wir auf den Spielplatz.« Er wirft mir einen verschwörerischen Blick zu und bemerkt deshalb zu spät den kleinen Stock, den seine Tochter sich in den Mund steckt.

»NEEEIN!«, kreischt er in einem schrillen Falsett und stürzt panisch zu ihr. »Spuck das aus. Das darfst du nicht in den Mund nehmen! Das ist schmutzig, BÄH, BÄH!«

Meine Tochter schaut zuerst das heulende Mädchen an, dann ihren hyperventilierenden Vater, dann mich. Ich kann auch nur mit den Schultern zucken.

ORT DES SCHRECKENS

Der Spielplatz ist eine Prüfung für den Charakter. Denn es ist meistens der Ort, an dem man zum ersten Mal auf die unliebsamen Artgenossen trifft – Eltern auf andere Eltern, Kinder auf andere Kinder. Gerade hat man noch behütet in den eigenen vier Wänden gespielt, die Kita liegt in einer fernen, verschwommenen Zukunft. Doch plötzlich steht man da im dreckigen Sand, zwischen Schaukel und Klettergerüst, und weiß nicht, wo einem der Kopf steht.

Ich muss es wohl nicht nochmals betonen: Ich mag Spielplätze nicht besonders. Das muss nicht jedem so gehen. Zu meiner Verwunderung beobachte ich oft andere Eltern, die ihren Aufenthalt dort zu genießen scheinen. Die sich sogar mit befreundeten Eltern verabreden, um sich auszutauschen. Ich verurteile dieses Verhalten nicht, aber es ist mir vollkommen rätselhaft.

Wenn ich auf dem Spielplatz bin, schwitze ich Blut und Wasser. Ich warte und bete, dass Wanda sich schnellstmöglich ausgetobt hat und wieder nach Hause will. Bis dahin halte ich mich weit abseits, vorzugsweise in einem sichtgeschützten Gebüsch, damit sich um

Gottes Willen keine Gespräche mit anderen Vätern ergeben, die aus irgendeinem Grund tun, als wären wir so was wie Kollegen. Besonders schlimm ist es am Anfang. Wenn das Kind noch so klein ist, dass es praktisch nichts allein tun kann. Es kann nicht richtig laufen und wenn es irgendwo hinaufklettert, fällt es sofort wieder herunter. Andere Kinder gehören in seiner Wahrnehmung zum beweglichen Inventar, also schlägt es versuchsweise mit stumpfen Gegenständen auf sie ein, um zu schauen, was passiert.

Wie bereits weiter vorn erwähnt, habe ich es gern bequem. Ich wollte daher in dieser Frühphase nicht pausenlos an meiner Tochter kleben. Es erschien mir sinnvoll, dass sie sich im Selbststudium mit den Gesetzen der Schwerkraft auseinandersetzt. Und dass ein Sturz zwar eine Schramme nach sich ziehen kann, aber meistens nicht schlimm ist. Sogar Raufereien mit gleichstarken Kindern hielt ich für akzeptabel. Irgendwie müssen die Plagen ja lernen, miteinander auszukommen. Leider war der Spielplatz jedoch kein neutrales Versuchsfeld, einfach deshalb, weil wir dort nie allein waren. Sobald ich Wanda ihre Umgebung selbst erkunden lassen wollte, sobald sie mal allein zwei Sprossen einer Leiter erklomm, kamen gleich andere Eltern gerannt und machten sich wichtig:»Ist das dein Kind? Ah, du hast sie eh im Blick, alles klar. Wollte nur sichergehen, dass sie nicht runterfällt.« Und dazu dann Blicke, die einem signalisieren, dass man ein Fall für das Jugendamt ist.

Vielleicht ist das ein Großstadtproblem. Wanda und ich wohnen nun mal in Berlin. Kann sein, dass Spielplätze auf dem Land weniger überlaufen, die Eltern weniger übergriffig sind. Hier empfand ich den Kontrollverlust jedenfalls als unerträglich. Ständig kriegte ich das Weltbild der anderen aufs Auge gedrückt. Und da ich nicht immer auf abgelegene Spielplätze ausweichen konnte, solche, die eher von Junkies als von Kindern frequentiert werden, musste ich in den ersten zwei Spielplatzjahren wohl oder übel wie ein Helikopter um Wanda herumschwirren. Erst danach wurde es etwas besser.

Seit Wanda drei ist, beschäftigt sie sich auf dem Spielplatz weitgehend selbst. Natürlich muss ich immer noch in regelmäßigen Abständen zum Rapport erscheinen, sprich: sie beim Schaukeln anschubsen. Aber es gibt auch lange Phasen, in denen sie hingebungsvoll mit ihrem Buddelzeug spielt oder allein das Terrain erkundet. Das soll nicht heißen, dass der Spielplatz für mich deshalb erträglicher wurde. Es bleiben genügend Grässlichkeiten, über die man sich aufregen kann. Zum Beispiel die formvollendete Missgunst, mit der die lieben Kleinen einander begegnen. Wer glaubt, dass Kinder erst durch die kulturelle Prägung so etwas wie ein Konkurrenzdenken entwickeln (bestimmt gibt es diese Theorie), der hat noch nicht erlebt, wie die Gören sich um ein Spielgerät streiten. Grundsätzlich gilt: Alle Kinder wollen immer gleichzeitig an dasselbe Gerät.

Solange die Schaukel frei ist, interessiert sich kein Arsch dafür. Aber kaum nimmt ein Kind darauf Platz, wollen alle anderen auch schaukeln. Dadurch wird indessen die Rutsche frei. Da steht sie dann, gottverlassen, jedes Kind würde einem den Vogel zeigen, käme man auf die absurde Idee, sie als Alternative zur überfüllten Schaukel anzupreisen. Das gilt natürlich nur so lange, bis eine der Gören von sich aus die Rutsche entdeckt. Augenblicklich drängen alle anderen nach, schubsen und kreischen, verlangen von ihren Eltern, als Vermittler in diesem Affenzirkus aufzutreten.

In solchen Momenten möchte ich mich gern auf den Bauch legen, das Gesicht im Sand vergraben und alle Hoffnung fahren lassen. Da das meistens nicht geht, habe ich mir Ersatzhandlungen für eine möglichst gesunde Psychohygiene überlegt. Es sind kleine Kniffe, die erst mal harmlos erscheinen, doch man glaube mir: Sie funktionieren! Dafür stehe ich mit meinem Namen.

DAS FREMDE KIND: FREUND ODER FEIND?

Bevor ich mit meinen besten Survival-Strategien für den Spielplatz herausrücke, muss ich noch einen weiteren Punkt ansprechen. Sonst wird die Dringlichkeit dieser Sache nicht klar und man denkt beim Lesen hier, dass das irgendwie lustig sein soll. Über den Spielplatz würde ich nie Witze machen, das geht nicht, da ist bei mir eine Grenze erreicht. Denn das Problem an diesem Ort ist, dass man sich dort mit einer ganz heiklen Spezies beschäftigen muss: mit fremden Kindern. Wie bereits dargelegt, hilft es ungemein, dem eigenen Nachwuchs in Liebe verfallen zu sein. Erst dadurch wird es möglich, dessen unverschämtes Verhalten zu ertragen. Bei Fremdgören fällt dieses Handicap weg, man muss sich also ganz schön am Schlüpfer reißen, wenn die plötzlich anfangen, Ansprüche zu stellen.

Ich kann mich noch gut an einen Moment bei der Schaukel erinnern. Wieder mal war ich damit beschäftigt, Wanda anzuschubsen. Sie hatte längst gelernt, wie das ohne meine Hilfe zu bewerkstelligen war. Doch warum sollte sie sich anstrengen, wenn sie stattdessen das soziale Umfeld für ihre Zwecke einspannen konnte?

»Doller, Papa, höher, Papa!«

Egal, sie genoss Narrenfreiheit. Ich stand also da, folgte gewissenhaft ihren Regieanweisungen. Schwelgte ein wenig in den Möglichkeiten, die ich gehabt hätte, wenn ich nicht für alle Ewigkeit zum Dienst am Kind verdammt wäre. So ein kleines, naives Privatvergnügen, das ich mir damals bisweilen gönnte. Ich war jedenfalls in die schönsten Gedanken vertieft, als sich eine zweite Stimme in die Galeerenrufe meiner Tochter mischte:»Auch schaukeln.«

Zuerst nahm ich es gar nicht bewusst wahr. Ich meine, man reagiert ja auch nicht auf zirpende Grillen oder den lieblichen Ruf einer Amsel. Das Stimmchen blieb jedoch hartnäckig und wiederholte seine Forderung:»Auch schaukeln. Will auch schaukeln.«

Gut, dachte ich, als der Groschen bei mir fiel. Da steht halt ein anderes Kind, das auch schaukeln will. Wie schön, dass es seine Bedürfnisse so klar artikulieren kann. Dann kam der Schreck, als mir die Möglichkeit dämmerte, ich selbst könnte mit der Aufforderung gemeint sein. Ich verkniff mir den Move, nach den Eltern der Nervensäge Ausschau zu halten. Das erschien mir schäbig. Stattdessen ging ich hin und setzte das Kind auf die andere Schaukel. Was mir prompt einen eifersüchtigen Blick von Wanda einbrachte. Mich darüber zu beschweren, war leider nicht möglich, weil mir im nächsten Moment von zwei Seiten die Kommandos um die Ohren flogen. Was für ein verkorkster Tag! Seitdem habe ich gelernt, achtsamer mit mir selbst umzugehen. Soll heißen: Die Anliegen fremder Kinder auf dem Spielplatz sind mir schnurzpiepegal. Ich weiß, dass ich damit gegen irgendeine Art von Sittenkodex verstoße. Es interessiert zwar sonst niemanden, wie man mit seinem Kind über die Runden kommt, aber dort sollen plötzlich alle zusammenhalten und sich gemeinsam um das Fortbestehen der Spezies kümmern.

»Na, Kleines, brauchst du Hilfe auf dem Klettergerüst? Soll ich mal deine Mama holen? Du kannst aber schon toll rutschen. Huiiiii!«

Keine Ahnung, wie man neben der Versorgung des eigenen Kindes noch so viele freie Kapazitäten haben kann, sich in die Angelegenheiten fremder Leute einzumischen. Auf dem Spielplatz begegnet mir diese Marotte jedenfalls häufig. Es ist ja nicht so, dass ich etwas gegen fremde Kinder hätte. Sie sind mir nur meistens egal, ich möchte nichts mit ihnen zu tun haben. Die Hauptursache dieser Gleichgültigkeit ist ein Umstand, der mir erst bewusst ist, seit ich Vater bin. Es mag verstörend klingen, vielleicht sogar ungerecht, aber: Fremde Kinder sind hässlich.

Wanda war für mich von Beginn an der schönste Anblick der Welt. Klar, dafür haben die Gene gesorgt. Irgendwie muss die Natur es einem schließlich schmackhaft machen, dass man sich fortan mit so etwas Stressigem wie dem Beschützerinstinkt herumschlägt. Für mich bleibt diese Manipulation glücklicherweise auf den eigenen Nachwuchs beschränkt, führt aber auf der anderen Seite dazu, dass mir beim Anblick fremder Kinder leicht übel wird.

Natürlich geben die hyperaktiven Spielplatzstreuner einen feuchten Kehricht darauf, was meine Vorlieben sind. Sie kommen trotzdem ständig zu mir, als würde ich sie magnetisch anziehen. Schon in der Schule haben sich immer die Spinner der Klasse zu mir hingezogen gefühlt. Vielleicht ist das meine Superkraft, die ich hiermit gern reklamieren möchte. Wenn andere Eltern es toll finden, sich um fremde Kleinteile zu kümmern, bitte sehr. Aber lasst mich da raus!

SURVIVAL OF THE FITTEST

Nur die Stärksten haben eine Chance, den Aufenthalt auf dem Spielplatz zu überstehen. So viel sollte inzwischen klar geworden sein. Die Straßen sind gepflastert mit den ausgebrannten Hüllen früherer Menschen, die dem Druck auf Dauer nicht standhalten konnten. Wer diesem Schicksal entrinnen will, hat harte Zeiten vor sich, doch es ist keine Unmöglichkeit.

Hier also nun meine Liste an Strategien, die ich mir über viele qualvolle Jahre hinweg angeeignet habe. Bedient euch, genießt meine Weisheit in vollen Zügen, dafür ist dieses Buch schließlich da:

TOP 5 DER SPIELPLATZ-SURVIVALHACKS

1. ALKOHOL

Ich kann es nicht oft genug sagen, und es wird auf den kommenden Seiten sicher noch das ein oder andere Mal auftauchen: Trinken hilft. Bier, Wein und Sektchen wurden erfunden, um das Nervenkostüm zu schützen. Was läge also näher, als sich dieser wundervollen Getränke am stressigsten aller Orte zu bedienen? Ob allein oder mit Freunden – ein Schluck aus der Flasche zaubert ein Lächeln auf das Gesicht und der Spielplatzbesuch wird zur Gartenparty.

Dazu kommt der nicht zu unterschätzende Vorteil, dass viele der anderen Eltern damit nicht umgehen können. Man muss sich zwar Blicke gefallen lassen wie früher auf der letzten Sitzbank im Bus. Dafür wird man jedoch in Ruhe gelassen, ja, geradezu gemieden.

Einfach himmlisch!

2. SICH HINTER EINEM BUCH VERSTECKEN

Das Kind spielt seelenruhig, man selbst sitzt auf einer Bank in der Nähe und schaut ihm zu. Großer Fehler! Denn als untätiger Zaungast auf dem Spielplatz ist man das perfekte Ziel für gelangweilte Eltern, die einen mit ihrer Logorrhö traktieren wollen. Es empfiehlt sich deshalb, stets ein Buch mit sich zu führen. Ob man tatsächlich darin liest oder es nur zur Tarnung vors eigene Gesicht hält, kommt aufs Gleiche hinaus. Wichtig ist nur, dass es kein Buch ist, das die besagten Tagträumer zur Kontaktaufnahme ermutigen könnte (zum Beispiel Paulo Coelho). Mein Tipp: Nehmt Nietzsche. Notfalls tut es auch der Schutzumschlag eines Nietzsche-Bandes, den könnt ihr dann um euren Coelho legen, und fertig ist die Laube.

3. SICH HINTER EINEM BUSCH VERSTECKEN

Spielplätze sind oft begrünt. Man kann also tun, was man schon als schmollendes Kind getan hat: sich verstecken. Andere Eltern können einen nicht finden, wenn sie einen nicht sehen. Bietet der Spielplatz keine Verstecke, eignet sich alternativ ein Platz außerhalb des eigentlichen Geländes. Er sollte freie Sicht auf das Kind gewährleisten, sonst gibt es keine Kriterien. Kann natürlich passieren, dass man als Mann scheel angeschaut wird, wenn man vor einem Spielplatz sitzt und Kinder beobachtet. Kurze, stichprobenartige Gespräche mit der Leibesfrucht können diese bösen Verdachtsmomente zerstreuen, zu führen ganz unkompliziert am Spielplatzzaun.

4. TELEFONIEREN

Im Grunde gibt es immer jemanden, den man anrufen kann. Mutter freut sich stets über Neuigkeiten, alte Freunde sind überrascht, wenn man sich aus heiterem

Himmel bei ihnen meldet. Ja, selbst der Zeitansage zu lauschen, ist angenehmer, als sich mit dem Spielplatzvolk auseinanderzusetzen. Deshalb: Handy ans Ohr, konzentriert schauen. Niemand wird euch behelligen.

5. ZWIELICHTIGE FREUNDE MITBRINGEN

Wenn man mal keine Lust auf Alkohol hat (soll ja hin und wieder vorkommen), kann es trotzdem hilfreich sein, sich mit Freunden auf dem Spielplatz zu verabreden. Je schlechter deren Leumund, desto besser.
Alte, tätowierte Männer mit Sonnenbrillen – so was ist doch in jedem Bekanntenkreis vorhanden. Die können sich dann auch mal anbieten, wenn das eigene Kind beim Schaukeln angeschubst werden möchte. Der Anblick ist wie ein inneres Blumenpflücken.

arbeit und kind

Kind und Arbeit unter einen
Hut zu bringen, ist ein Drahtseilakt,
den viele auf Dauer nicht schaffen.
Ich kann das verstehen.
Und begegne dieser Schwierigkeit
damit, dass ich gnadenlos
Prioritäten setze.

Kann man auch mit Kind cool bleiben? Wer sich das fragt, dem möchte ich hier einen typischen Wochentag eines erwerbstätigen Elternteils beschreiben: Stellt euch nur mal so aus Jux vor, ihr werdet frühmorgens von einem sehr lauten Menschen aus dem Schlaf gerissen. Der Wecker wäre schon viel zu früh dran gewesen. Aber hier kräht nun jemand, der euch noch eine Stunde früher hochscheucht. Dieser Quälgeist ist voller Tatendrang. Mit dem er euch zu dieser gottlosen Zeit anstecken will. Zähneputzen, Waschen, Anziehen, Frühstücken – als ob das nicht an sich schon unlösbare Aufgaben wären. Und jetzt sollt ihr das auch noch bei jemand anderem vollbringen. Der es sich zur heiligen Pflicht gemacht hat, euch nach Strich und Faden zu sabotieren.

Ihr schafft es immerhin gerade so, das Kind rechtzeitig in die Kita zu bringen. Zu dem Zeitpunkt seid ihr schon vier Stunden wach und mit den Nerven am Ende. Derart zerrüttet quält ihr euch durch den öffentlichen Verkehr oder durch kilometerlange Staus, um euch im Anschluss an irgendeiner Bohrmaschine krumm zu buckeln. Denn ihr müsst Geld verdienen. Um das verfressene Kind zu ernähren.

Und Vorsicht: Nach Feierabend dürft ihr noch nicht ins Bett. Nein, jetzt müsst ihr das Kind wieder abholen und euch mit ihm beschäftigen. Und der Haushalt erledigt sich auch nicht von allein. Ihr müsst kochen und Staub saugen und Wäsche waschen. Und am Abend wieder endlos diskutieren, damit euer Nachwuchs eventuell irgendwann einschläft.

Na, zum Deibel, da fragt man sich doch: Wie sollte jemand unter solchen Umständen wohl cool bleiben? Oder jung, unternehmungslustig, originell? Pustekuchen! Man wird zum langweiligsten Langweiler auf dem Erdenrund. Ausgebrannt und am Ende. Das Kind und die Arbeit unter einen Hut zu bringen, ist ein Drahtseilakt, den viele auf Dauer nicht schaffen. Ich kann das verstehen. Und begegne dieser Schwierigkeit damit, dass ich gnadenlos Prioritäten setze.

ZEIT IST DAS WICHTIGSTE,
WAS WIR HABEN

Kind, Beziehung, Arbeit, Freizeit. Das sind die vier Säulen eines erfüllten Lebens, *n'est-ce pas?* Wobei ich Letzteres in meinem Dasein als Schriftsteller durch Selbstverwirklichung ersetzen würde. Ich habe Bücher geschrieben, bevor Wanda kam, ich wollte das gern weiterhin tun. Daneben verbrachte ich viel Zeit mit Nora. Die muss man nun mal investieren, wenn eine Beziehung liebevoll sein und bleiben soll. Und weil ich mit meinen Büchern so gut wie kein Geld verdiente, musste ich nebenbei auch noch arbeiten gehen.

Während der Schwangerschaft arbeitete ich als Koch. Was unter normalen Umständen der Beruf ist, der am wenigsten mit einem gesunden Privatleben vereinbar ist. Man arbeitet, wenn alle anderen frei haben – abends, nachts, am Wochenende. Ich kenne keinen Koch mit einer funktionierenden Familie, und ich kenne viele Köche.

Meine Stelle hatte den Vorteil, dass es dort nur ein Mittagsgeschäft gab. Mit Arbeitszeiten von sieben bis sechzehn Uhr war der Job auch mit Familie gut machbar. Wenn man davon absieht, dass ich abends nicht immer schreiben konnte. Man ist ja keine Maschine, bei der einfach nur ein Schalter umgelegt werden muss. Die Maloche ist durch einen durchgerauscht, als wäre man ein Tunnel, da ist man oft nicht mehr spritzig. Alles in allem war das trotzdem ein Problem, mit dem ich irgendwie fertig wurde.

Dann rückte Wandas Geburt näher. Große Veränderungen standen bevor. Ja, das habe ich gerade geschrieben. Obwohl ich im Vorwort das Maul so weit aufgerissen habe, es würde sich nichts verändern. Ich gebe zu: Vor der Geburt hatte ich ziemlich die Hosen voll. Ich sah meine Felle davonschwimmen, wusste nicht, wie ich neben einem Kind, neben meiner Beziehung und neben der unseligen Arbeit noch Raum zum Schreiben finden sollte.

Es war also klar, dass ich mein Schicksal selbst in die Hand nehmen musste. Drei Säulen ließen sich zufriedenstellend stabilisieren, vier waren zu viel. Meinem Eindruck nach geben die meisten Eltern in dieser Situation die Freizeit beziehungsweise ihre Selbstverwirklichung auf. Das ist traurig, aber vermutlich oft die einzige Alternative. Die Miete muss bezahlt werden, das Essen und alles andere. Wenn es ums Überleben geht, sind Hobbys vergleichsweise unwichtig.

Bei mir ist das anders. Das Schreiben gibt meinem Leben Richtung und Sinn. Darauf zu verzichten, kam zu keinem Zeitpunkt infrage. Ich gab also das einzig wirklich Entbehrliche auf, die Arbeit, und nahm mir zwei Monate Elternzeit, beginnend mit der Geburt meiner Tochter. Für die Bindung zwischen Wanda und mir war das natürlich toll. Ich kann es jedem Vater vorbehaltlos empfehlen.

Am Ende dieser zwei Monate war mein Problem jedoch nicht gelöst. Mal ehrlich: Ein 40-Stunden-Job ist das Letzte. Ein Problem, das so gut wie jeden quält. So ein Job macht uns zu Zombies, er nimmt uns jegliche Energie, die wir verdammt noch mal für uns selbst verwenden könnten. Zumindest sehe ich das so. Gewiss gibt es Menschen, die ihren Job mögen, darin aufgehen, von mir aus. Ich selbst schenke meine Zeit jedenfalls am liebsten mir selbst und nicht meinem Arbeitgeber.

Gerade weil die zwei Monate nach der Geburt so schön waren, beschloss ich in Absprache mit Nora, nicht in den Kochjob zurückzukehren. Stattdessen suchte ich mir eine Halbtagsstelle, bei der ich nur von acht bis zwölf Uhr antreten musste. Anfangsverdienst: knapp achthundert Euro. Das reichte gerade mal für die Miete, weshalb Nora Hartz IV beantragte. Als Teil ihrer Bedarfsgemeinschaft durfte auch ich vor dem Amt die Hosen herunterlassen. Ich erinnere mich an Termine in der Agentur für Arbeit, bei denen ich wie ein Bittsteller zu Kreuze kriechen musste, dabei verdiente ich ja mein eigenes Geld. Und so oder so mussten wir jeden Euro umdrehen, um über die Runden zu kommen. Wer wenig arbeitet, hat eben wenig Geld.

Trotzdem fiel mir der Entschluss, weniger zu arbeiten, leicht. Nora hat ohnehin nicht nur mir zuliebe auf einen gesicherten

Lebensstil verzichtet. Als Regieassistentin hatte auch sie noch viel vor, wollte wieder durchstarten, sobald es möglich sein würde.

Um diese Erzählung abzurunden: Ich machte mich in dem Halbtagsjob bald unverzichtbar, mein Gehalt wurde erhöht. Wir konnten recht schnell wieder auf Hartz IV verzichten, um uns nicht vor irgendwelchen Sachbearbeitern demütigen zu müssen. Das kann man als glückliche Fügung bezeichnen. Vielleicht muss man das Glück aber auch aus seinem Loch herauslocken.

ARBEITSTEILUNG IST BESTE

Es ist ein Narrativ, das einem so oft vorgebetet wird, bis einem die Ohren bluten. Man liest es in Ratgebern, hört es in Podcasts, hört es an jeder Straßenecke:»Kinder zu kriegen, ist das Großartigste, das dir im Leben passieren kann. Alles verblasst neben dieser Erfahrung.«

Zugegeben: Wanda ist schon ziemlich cool. Meinetwegen auch großartig. Ohne sie wäre mein Leben weit weniger schön als mit ihr. Aber: Es gibt auch vieles andere in meinem Leben, das großartig ist. Eine großartige Frau, großartige Freunde, meine großartige Berufung. Mein Kind kategorisch über alles andere zu stellen, käme mir daher wie eine Selbstverleugnung vor. Wenn einem jemand die herzlose Frage stellt, worauf man eher verzichten könnte, die eigene Verwirklichung oder das Kind, sollte man stets die Antwort verweigern.

In Wandas erstem Lebensjahr stand ich vor der Herausforderung, täglich zwei bis drei Stunden zu schreiben, ohne Nora damit zur Last zu fallen. Denn meine Leidenschaft auf ihrem Rücken auszutragen, das kam nicht infrage. Auch wenn diese Konstellation weitverbreitet ist: Der Mann geht jagen und die Frau sitzt mit dem Nachwuchs zu Hause. Nora wollte aber ebenfalls jagen gehen. Beziehungsweise ihre Freundschaften pflegen, Abende im Theater verbringen, die Fühler nach einem Job ausstrecken.

Wir mussten also eine Form der Arbeitsteilung finden, die uns beiden den Raum ließ, uns zu entfalten. Ohne Wanda dabei zu vernachlässigen. Ich gewöhnte mir deshalb an, um vier Uhr früh aufzustehen. Das mag extrem klingen, aber es war für mich die beste Zeit, um kreativ zu sein. Vielleicht weil ich mich bereits in den *GEO-Epoche*-Nächten an die morgendliche Einsamkeit gewöhnt hatte. Ich schrieb von halb fünf bis sieben, dann weckte ich Nora und Wanda. Wir Großen tranken zusammen Kaffee, dann ging ich zu meinem Halbtagsjob, von dem ich gegen zwölf zurückkam. Mit dem Kochen wechselten wir uns ab, den Mittagsschlaf mit Wanda übernahm ich, dadurch hatte Nora ein paar Stunden Freizeit. Die Abende teilten wir uns auf, an manchen ging Nora aus, an manchen ich.

Ich trat damals jeden Mittwoch bei den *Surfpoeten* auf und hatte meist noch eine zweite Lesung pro Woche bei Poetry Slams oder anderen Lesebühnen. Unterm Strich, das muss man fairerweise sagen, war ich im ersten Jahr öfter unterwegs als Nora. Dafür machte sie in Wandas zweitem Jahr eine sechsmonatige Weiterbildung, für die sie jeden Tag acht Stunden in die Regieschule musste. Ich war in dieser Zeit praktisch alleinerziehend, was mir nicht das Geringste ausmachte. Erstens war ich froh, Nora auch mal den Rücken freihalten zu können. Zweitens mochte ich an dieser Zeit, dass ich ganz allein über den Tageslaublauf von mir und Wanda bestimmen konnte.

Rückblickend staune ich, dass wir das alles geschafft haben. Es war oft genug anstrengend, wir mussten uns echt aufopfern. Allerdings taten wir das nicht so sehr für Wanda, sondern für den jeweils anderen. Weil wir das großartig fanden. Genauso großartig wie unser Kind. Denn um das noch mal klar zu sagen: Es geht bei all dem auch um die Frage, wie Wanda als Erwachsene sein wird. Soll sie ein duckmäuserisches Püppchen in irgendeinem schnöden Betrieb sein? Oder eine freie, starke Frau, die tut, wonach ihr der Sinn steht? Ich glaube, unsere eigene Lebensweise gibt ihr da ein ganz gutes Beispiel.

EIN KIND IST BESSER ALS ZWEI

Es passt vielleicht nicht unbedingt in dieses Kapitel, aber ich wüsste nicht, wo ich diesen Punkt sonst unterbringen sollte. Er beschäftigt mich seit meiner ersten Stunde als Vater, ganz einfach, weil er einem von der ersten Stunde an aufs Auge gedrückt wird. Man sitzt da im Kreißsaal, wartet noch darauf, dass die Plazenta abgestoßen wird, da kommen bereits die ersten Nervensägen und fragen: »Und? Schon darüber nachgedacht, wann ihr das zweite Kind kriegen wollt? Der Abstand zwischen den Geschwistern soll ja nicht zu groß sein. Das ist sonst nicht gut für die Entwicklung.«

Es schien unmöglich zu sein, dass Nora und ich uns erst mal an unsere neue Rolle als Eltern gewöhnen. Dass wir schauen, wie es mit Kind ist. Ob das fetzt oder eher nicht so. Nein, es galt augenblicklich, Spekulationen darüber anzustellen, welcher Zeitpunkt der beste ist für weiteren Familienzuwachs. Soll man die Kleinteile direkt hintereinander weg produzieren, damit sie immer Spielgefährten mit ähnlichen Interessen haben? Oder doch ein wenig Abstand lassen, damit die Jüngeren von den Älteren lernen können?

Ich war gestresst von diesen Diskussionen. Vor allem, weil sie einem an jeder Ecke aufgenötigt werden. Bei der Arbeit. Beim Blumenkaufen. Beim Warten darauf, dass die Ampel grün wird. Manchmal hat man das Gefühl, man kann nicht mal in Ruhe kacken gehen, ohne dass jemand den Kopf zum Fenster reinsteckt, um sich zu vergewissern, dass man bei der Familienplanung auch wirklich umsichtig ist.

Ganz abgesehen davon, dass ich es hasse, wenn sich plötzlich alle zu Experten aufschwingen (und das auch, wenn der- oder diejenige selbst noch nicht mal angefangen hat mit dem Kinderkriegen), stört mich vor allem eines an diesen Überlegungen: Es ist darin keinerlei Platz für die Frage, was eigentlich die Eltern wollen. Diese lustigen Clowns, an denen am Ende der ganze Spaß hängen bleibt.

Versteht sich doch von selbst, dass alle Schwierigkeiten, die ich bisher geschildert habe, sich mit jedem weiteren Kind exponentiell vergrößern. So stelle ich es mir jedenfalls vor. Wenn ich daran denke, wie viel Aufmerksamkeit Wanda braucht, wie viel Aufmerksamkeit ich selbst brauche. Und dann wäre da noch ein Neugeborenes mit seinen Ansprüchen, und dann noch eins! Zum Fürchten. Ich möchte deshalb an dieser Stelle eine Lanze für ein verpöntes Wesen brechen: das Einzelkind. Es ist bei Weitem nicht so furchterregend, wie allgemein angenommen. Es mag zwar manchmal einen Prinzessinnenkomplex entwickeln, aber der ist immer noch leichter zu ertragen als die Komplexe von mehreren Kindern gleichzeitig. Zumal es ja gerade um die Frage geht, wie man das eigene Leben als Mensch mit der Rolle als Elternteil vereinbaren kann. Und da sage ich ganz klar: Wer fünf bis zehn Kinder haben möchte, soll diese gern zeugen. Mir ist eins schon kompliziert genug.

NIMM DIE GÖRE EINFACH MIT

Eine weitere Möglichkeit, das Kind und die Arbeit unter einen Hut zu bringen, ist im Grunde die naheliegendste. Sie mag nicht auf Anhieb praktisch erscheinen, doch manchmal geht es schlicht nicht anders. Ich erinnere mich da zum Beispiel an die Zeit des ersten Corona-Lockdowns. Nora und ich waren längst getrennt, die zuvor beschriebene Arbeitsteilung war nur noch bedingt möglich. Zwar halfen wir uns in Notfällen gegenseitig aus, doch in der Regel musste jeder selbst schauen, wo er blieb, wenn Kinderdienst angesagt war. Die Schulen waren jedenfalls dicht, ich selbst musste aber zur Arbeit erscheinen. Also nahm ich Wanda mit dorthin.

Ich weiß noch, wie angespannt ich vor dem ersten Mal war. Der Job war nicht der stressigste auf der Welt, trotzdem musste ich mich konzentrieren. Als Versandleiter war ich dafür verantwortlich, meinen Kollegen die Aufgaben zuzuteilen, damit sie ihrerseits mit der Arbeit beginnen konnten. Das hätte ich nur schwer hingekriegt, wenn mir gleichzeitig mein Kind mit tausend Fragen in den Ohren gelegen hätte. Der Plan war deshalb, Wanda mit einem Film ruhigzustellen. Dafür hatte ich eigens meinen Laptop mitgebracht. *Der König der Löwen, Das wandelnde Schloss, Peppa Wutz* oder *Ladybug*: perfektes Opium fürs Kind. Es kam dann jedoch ganz anders. Denn Wanda wollte mithelfen, statt Filme zu schauen. Meine Kollegen waren glücklicherweise geduldig genug, sie einzuspannen. Pakete packen, sie mit Labeln bekleben, für das Kind waren diese alltäglichen Aufgaben eine spannende Abwechslung. Wahrscheinlich sollte ich das hier gar nicht schreiben, um nicht wegen Nötigung zur Kinderarbeit belangt zu werden. Andererseits war es der Gesellschaft ja weitgehend wurscht, wie Eltern die Lockdown-Zeit mit ihren Kindern bestreiten.

TOP 5 DER SÄTZE, DIE BERUFSTÄTIGE ELTERN NIEMALS SAGEN

1. **Ich freue mich total auf fünf Wochen Kitaferien.**
2. **Die Deadline kann ich gerne verschieben, wenn der Kuchenbasar meine Anwesenheit erfordert.**
3. **Klar kann ich das Kind erst um neun in die Kita bringen. Ich sage einfach bei der Arbeit Bescheid, dass ich dann später komme.**
4. **Klar kann ich das Kind schon um zwei aus der Kita abholen. Ich sage einfach bei der Arbeit Bescheid, dass ich dann früher gehe.**
5. **Kinder sind das Großartigste auf der Welt.**

Der Laptop blieb bei diesen ersten gemeinsamen Arbeitstagen jedenfalls in der Tasche. Zudem erklärte ich Wanda mehr und mehr, was ich dort eigentlich tat. Nicht weil ich sie für später einarbeiten wollte, wenn sie mal ihr eigenes Geld verdienen muss. Dafür war es zu früh. Aber ich wollte sie teilhaben lassen, ihr vielleicht ein Stück weit Verständnis dafür vermitteln, welchen Stellenwert ein Broterwerb im Leben der meisten Menschen hat.

Keine Ahnung, ob davon was bei ihr angekommen ist. Ist ja auch nicht weiter wichtig. Mitnehmen musste ich sie sowieso, genauso jetzt, wenn sie Schulferien hat. Inzwischen kommt der Laptop öfter zum Einsatz, weil Wanda die Arbeitsabläufe kennt und zunehmend langweilig findet (da ist sie übrigens nicht die Einzige). Wenn ich Kanalarbeiter oder Polizist wäre, könnte ich Wanda natürlich nicht mit zur Schicht nehmen. Da haben es andere Eltern mit Sicherheit schwerer. Zu meinen abendlichen Auftritten konnte Wanda auch lange Zeit nicht mit, weil sie zu klein war und früh ins Bett musste. Inzwischen ist sie jedoch acht Jahre alt und begleitet mich manchmal. Sie findet es aufregend, Berliner Kneipen und Clubs von innen zu sehen. Sie darf eine Brause an der Bar trinken und zusehen, wie ich mich auf der Bühne zum Affen mache. Nach etwa dreißig Minuten wird ihr auch das meist langweilig, wofür wir dann Stifte und einen Malblock mitnehmen. Oder einen Freund, der sich kümmert.

Sicherheitshalber stelle ich noch mal klar: Es handelt sich bei diesen Gelegenheiten um Ausnahmen. Natürlich sollte das Kind nicht jeden Tag an der Arbeitsstelle der Eltern versauern. Doch hin und wieder, so scheint es mir, ist es vielleicht nicht das Schlechteste.

erziehung oder so ähnlich

Erziehung ist ein heikles Thema.
Man ist selbst durch diese Schule
gegangen, fand einiges an den Methoden
der eigenen Eltern gut und möchte
anderes besser machen. Leider, zum Glück,
sind wir jedoch allesamt fehlbare
Menschen. Es bleibt also spannend.

Es war ein Tag, an dem ich etwas Schönes mit Wanda machen wollte. Sie war fünf, wir hatten gerade eine sehr gute Phase. Soll heißen, sie war selten bockig, wodurch ich nicht dauernd in die unschöne Rolle ihres Erziehungsberechtigten schlüpfen und Autorität ausüben musste. Das mache ich nämlich nicht gern. Ich tue, was nötig ist, aber mein Mantra ist bekanntlich: je bequemer, desto besser.

Wanda und ich fuhren jedenfalls ins Sea-Life-Aquarium, weil sie in der U-Bahn eine Werbung dafür gesehen hatte. Dort gab es bis Dezember 2022 den berühmt gewordenen zylinderförmigen Tank voller Tropenfische, durch den man mit einem Fahrstuhl fahren konnte. Sozusagen der Höhepunkt des Ganzen. Dieser Fahrstuhl war zweistöckig und fasste etwa dreißig Menschen, was genügend Raum ließ, etwas abseits zu stehen und uns auf uns selbst und die Fische zu konzentrieren.

Wanda staunte und strahlte beim Anblick des bunten Treibens um uns herum. Ich war froh, dass sie so leicht zu begeistern war und fühlte mich bestätigt in meinen Daddy-Skills. Doch während wir damit beschäftigt waren, die gelben Doktorfische zu zählen, drängte sich ein anderer Vater ins Blickfeld. Er war mir schon vorher aufgefallen, weil er unsere Nähe zu suchen schien. Nun beäugte er kritisch Wandas Freudenausbruch und wandte sich dann an seine Söhne:

»Ihr wisst schon, dass es nicht okay ist, Tiere so einzusperren?«

Die beiden nickten mit großen Augen.

»Genau, das ist nicht okay. In ein paar Jahren wird das bestimmt verboten sein. Dann wollen die Menschen so was nicht mehr sehen.«

Wieder nickten seine Jungs und schauten sich unter den Anwesenden um, als würden sie eine aussterbende Art beim Ausüben ihrer lächerlichen, archaischen Bräuche beobachten.

Ich wurde leicht ungehalten. Unter normalen Umständen ist mir egal, wenn Leute partout ihre Meinung öffentlich kundtun müssen. Die Umstände waren jedoch nicht normal, wir waren eingesperrt mit diesem Ausbund an Redlichkeit. Als Nächstes musste ich erfahren, dass er seinen Söhnen bald die gleichen Fische in ihrer natürlichen Lebenswelt zeigen würde, beim Schnorcheln in der Karibik. Was er wiederum nicht so stehen lassen wollte, weil man in die Karibik nun mal mit dem Flugzeug reist. Er schloss also gleich noch einen Vortrag über das Konzept des CO_2-Ausgleichs bei Überseeflügen an.

»Papa, warum soll man nicht fliegen?«, wollte Wanda wissen, weil sich das Gezeter einen Weg in ihr unbedarftes Gehirn gebahnt hatte.

»Ich weiß nicht«, sagte ich. »Man kann es tun oder bleiben lassen.«

»Und warum müssen die Fische eingesperrt sein?«

»Damit wir sie sehen können. So schlecht geht es denen auch nicht. Sie werden gefüttert und müssen keine Angst haben, von einem größeren Fisch gefressen zu werden.«

Natürlich stellten diese Antworten weder Wanda noch mich selbst zufrieden. Ich war aber auch nicht darauf eingestellt, im Aquarium politische Statements zu droppen. Der Mann ging mir auf die Nerven. Er hatte sich dagegen entschieden, den Ausflug in den Fischknast zu boykottieren, wollte das Konzept Zoo aber auch nicht klaglos ertragen, also wählte er die goldene Mitte: seinen Kindern Tiere in Gefangenschaft vorzuführen, ihnen dabei aber wenigstens ein schlechtes Gewissen einzureden. Aus dem gleichen Grund kaufte er vermutlich CO_2-Ablassbriefe, statt ganz aufs Fliegen zu verzichten.

Was ich mit diesem kleinen Exkurs sagen will: Es gibt viele Arten, sein Kind zu erziehen. Selbstverständlich behaupte ich nicht, die beste gefunden zu haben. Wie bei allem anderen verhält es sich auch hier – ich weiß zwar nicht genau, was ich will, dafür sehr genau, was ich nicht will. Und zu Letzterem zählt definitiv, mir von anderen Leuten ihren verkorksten Erziehungsstil aufs Auge drücken zu lassen.

Man könnte sich an dieser Stelle fragen, warum ich über das schreibe, was ich nicht will. Statt einfach zu sagen, was Phase ist. Tatsache ist aber, dass ich mir oft erst durch den Gegenwind klar werde, wo ich stehe. Vor allem, wenn es um meine Rolle als Vater geht.

Erziehung ist ein heikles Thema. Man ist selbst durch diese Schule gegangen, hat meist eine geteilte Meinung über die Methoden der eigenen Eltern. Vieles fand man vielleicht gut, anderes möchte man besser machen. Leider, zum Glück, sind wir jedoch allesamt fehlbare Menschen. Es bleibt also spannend. Denn jeder verkorkst sein Kind auf seine eigene Weise.

AUTORITÄT ODER NICHT?

Ich gestehe es an dieser Stelle zum ersten Mal: So laisser-faire-mäßig, wie ich mich in der Öffentlichkeit (also in der Kolumne) gebe, bin ich nur teilweise. Genauso oft war ich ein strenger Papa. Ich sage »war«, weil Wanda inzwischen gelernt hat, welche Klippen sie bei mir umschiffen muss. Während ich im Gegenzug gelernt habe, wie ich meinem Kind nicht auf die Nerven falle. Aber der Weg bis dahin war lang. Lang und wesentlich unbequemer, als mir lieb ist. Aber man hat sowieso keine Wahl, man muss ihn beschreiten – und geht daraus gestärkt hervor oder muss sich von der rotzfrechen Brut für immer auf der Nase herumtanzen lassen.

Wie die Schwierigkeiten bei der Einschlafbegleitung war der Krieg mit dem Ego des Kindes eine Erfahrung, die ich bereits als Babysitter meiner Cousine machen musste. Dieses dreijährige Früchtchen wusste genau, wie sie die idiotischen Erwachsenen gegeneinander ausspielen konnte. Waren wir allein, kamen wir gut miteinander aus. Doch sobald ihre Mutter anwesend war, spürte sie, dass sie nicht mehr auf mich zu hören brauchte. Weil die ihr jeden Mist durchgehen ließ und dabei auch meine Gegenmaßnahmen durchkreuzte. Ich würde nicht beschwören, dass meine Cousine mir in solchen Momenten triumphale Blicke voller Niedertracht zuwarf, aber es fühlte sich definitiv so an.

Schon damals begriff ich, dass die Erziehungsbeauftragten auf einer Wellenlänge sein müssen, sonst sind Hopfen und Malz verloren. Mit Nora hatte ich das Glück, dass wir instinktiv die gleichen

Vorstellungen hatten. Und wo wir unsicher waren, redeten wir und konnten schnell eine gemeinsame Linie festlegen. Wie lange lassen wir das Kind schreien, bevor einer von uns hingeht? Was tun wir, wenn es absichtlich Scheiße baut? Wie viel Zuckerzeug lassen wir zu? Das sind alles Fragen, die leichter zu klären sind, wenn die Eltern an einem Strang ziehen. Würde ich meinen. Das klingt schon wieder furchtbar ratgebermäßig. Ich muss mich zwischendurch immer mal zur Ordnung rufen. Ihr könnt die Nummer mit dem gemeinsamen Strang natürlich auch sein lassen. Aber kommt dann nachher nicht zu mir und beschwert euch!

Dass es zwischen Nora und mir ganz gut klappte, heißt derweil nicht, dass wir von Wanda geschont wurden. Das ist im großen Plan der Fortpflanzung wohl einfach nicht vorgesehen. Im einen Moment hat man ein zuckersüßes Baby vor sich, im nächsten wird es zu einem eiskalten Soziopathen, der sich nur noch für eine Sache interessiert: Macht auszuüben.

Manche umschreiben das blumig mit: Kinder wollen nur ihre Grenzen austesten. Da muss ich widersprechen. Grenzen, papperlapapp. Es ist die rohe, zähnefletschende, blutrünstige Bestie Mensch, die da aus den lieben Kleinen spricht. Die würden einen achselzuckend über die Klinge springen lassen, nur um an einen zweiten Lolli ranzukommen. Empathie ist nämlich etwas, das sie erst viel später erwerben. Am Anfang steht nur ein gewaltiges, selbstsüchtiges Ego.

Es mag Geschmackssache sein, doch ich selbst reagiere bockig auf mangelnde Empathie. Da ist mein Kind keine Ausnahme. Gleichzeitig mag ich keine Streitereien, hätte lieber alles harmonisch. Leider ist das eine Vorliebe, die man sich erst mal abschminken kann. Kinder wollen immerzu streiten, pausenlos sind sie am Nölen. Geht man mit ihnen zum Spielplatz, ist ihnen der Weg zu weit. Sie wollen nicht zu Fuß gehen, sondern lieber getragen werden. Dabei ist man ja verdammt noch mal nur ihnen zuliebe auf dem Weg zum verfickten Spielplatz. Sie setzen sich auf den Boden und verweigern das Weitergehen. Was soll man da tun? Nachgeben oder hart bleiben?

Ich würde sagen, das muss man in jeder Situation neu entscheiden, vor allem im Hinblick auf die eigenen Kräfte. Denn da gilt die gleiche Regel wie in jedem anderen Konflikt: Geht man auf Konfrontation, dann eskaliert es. Wer Wind sät, der erntet Sturm. Klar fühlt es sich schlecht an, wenn man in so einem Moment inkonsequent ist. Wenn man nachgibt und das stinkfaule Kind zum Spielplatz trägt. Auf Eskalation zu setzen und eine Riesenszene vom Zaun zu brechen, fühlt sich aber ebenfalls schlecht an. Es ist eine Lose-lose-Situation. Bei der keiner fragt, ob man Bock darauf hat.

Allerdings habe ich gelernt, dass die Wolken sich nach so einem Gewitter recht schnell verzogen. Für das Kind ist der Kampf nämlich auch anstrengend (zum Glück), zumindest Wanda wollte oft ebenso rasch in die Harmonie zurückwechseln wie ich. Und im besten Fall führt das dazu, dass sich ein Modus entwickelt, in dem es zu weniger Konflikten kommt. Weil das Kind ihnen auch ausweichen möchte. Ich habe jedenfalls die schlichte Erfahrung gemacht, sowohl bei meiner Cousine als auch bei meiner Tochter: Wohldosierte Strenge führt zu Respekt und Anhänglichkeit. Das Gegenteil führt zum Gegenteil.

🙶 KLEINE, FEINE ANEKDOTE

Wanda, mein Freund Carsten und ich fahren Tretboot auf dem Plötzensee. Natürlich auf Wandas Wunsch. Wir schuckeln mal hierhin, mal dorthin, sie ist derweil noch selig mit ihrem Schleckeis beschäftigt. Irgendwann will sie ihre Füße am Heck ins Wasser hängen lassen. Ich setze mich also mit ihr dorthin. Eine Minute später will sie wieder nach vorn auf ihren Stuhl klettern. Ich helfe ihr über das schwankende Boot nach vorn. So geht das nun im Minutentakt hin und her. Ich bin praktisch ununterbrochen mit ihr beschäftigt, statt mal eine Sekunde lang chillen zu können. Mit jedem Gang befördert

sie mehr Wasser aufs Deck, wo es meine Hose und
ihre Wechselklamotten durchnässt.
»Okay, jetzt reicht es mal«, sage ich deshalb
irgendwann. Und verkünde, dass wir nun für mindestens zehn Minuten auf unseren Plätzen bleiben.
Wanda fängt an zu motzen. Sie steigert sich inner-
halb von Sekunden in einen bitterlichen Heulkrampf
hinein. Schreit schließlich wie am Spieß.
Weder ich noch Carsten können sie beruhigen.
Wir sitzen es aus.

SCHARMÜTZEL, KÄMPFE, GROSSE SCHLACHTEN

Wenn ich übermotivierte Eltern sehe, die auf allen vieren mit ihren
Kindern über den Spielplatz krabbeln, frage ich mich nach wie
vor: Muss das denn sein? Damit treiben sie doch nur unnötig den
Preis in die Höhe. Angenommen, andere Kinder beobachten dieses
nichtswürdige Verhalten und verlangen deshalb von ihren Eltern,
es genauso zu tun. Das geht doch nicht! Bei aller Zuneigung und
Liebe muss man sich doch darüber im Klaren sein, dass wir uns in
einem Krieg befinden. Einem Krieg zwischen Eltern und Kindern,
in dem keine Gefangenen gemacht werden. Wer Erbarmen zeigt,
geht unter!

Für mich heißt Erziehung deshalb, nicht nur das eigene Kind zu
erziehen, sondern auch sich selbst. Es gilt, gewisse Regeln einzuhal-
ten. Vorauseilender Gehorsam vor dem Kind ist inakzeptabel. Wer
glaubt, das ist gerade eine auf die Spitze getriebene Übertreibung,
der möchte bitte mal auf die Sprache vieler Eltern hören. Allein darin zeigt sich bereits, dass sie sich als selbstständige Person aufgege-
ben haben und nur noch in ihrer Funktion als Elternteil existieren:

»Nein, Ysgramor, hör auf, die Mama zu schlagen! Das tut der
Mama weh, wenn du ... Ysgramor!! Wir haben doch gesagt, dass wir

heute brav sein wollen. Die Mama ist sonst ganz traurig und enttäuscht.«

Nie, nie, nie würde ich auf die Idee kommen, von mir selbst in der dritten Person als »der Papa« zu sprechen. Ich bin nicht der Papa. Ich bin Clint, ein menschliches Wesen, eine Person mit Wünschen, Hoffnungen und Träumen. Die bitte auch von meinem Kind als solche wahrgenommen werden sollen. Ebenso wenig wäre es mir je in den Sinn gekommen, von Nora im Gespräch mit dem Kind als »die Mama« zu sprechen. Es heißt »deine Mama«, denn Mutter ist sie nicht per se, sondern nur für das Kind.

Kann sein, dass ich in dieser Sache etwas rabiat bin, als Schriftsteller ist mir Sprache nun mal sehr wichtig. Trotzdem glaube ich, dass da etwas dran ist. Wenn man dem Kind immer nur einbläut, dass man »der Papa« ist, wird es einen als Institution begreifen und nicht als Menschen. Deshalb bitte, wenn der kleine Ysgramor wieder mal mit dem Stock ausholt, spreche man mir nach: »Hör auf, MICH zu schlagen, du kleiner Vollpfosten, das tut MIR weh!« *Capisce?*

Eine weitere Frage, die man sich als Elternteil hier und da stellen sollte, ist: Wie viel möchte ich eigentlich schimpfen? Es ist manchmal unumgänglich, macht aber selten Spaß. Wenn man pausenlos am Kind herumdoktert, wird es zwar eventuell folgen, einen aber auch als öden Meckerpott abschreiben.

Es empfiehlt sich daher (und das kommt auch der eigenen Bequemlichkeit sehr entgegen), eine Umgebung zu schaffen, in der man nicht schimpfen muss, zum Beispiel die eigene Wohnung. Wenn da natürlich auf jeder freien Fläche fragile Designerstücke stehen, ist man ununterbrochen damit beschäftigt, dem Kind mahnend hinterherzurennen. Will man das? Ich glaube nicht.

Auch Orte, an denen sich das Kind langweilt, sind so eine Sache. Es war mir, wie gesagt, von Anfang an wichtig, Wanda mit in Restaurants oder Museen zu nehmen. Trotzdem sind das für die lieben Kleinen Stätten der Ödnis, ganz egal, wie interessant man sie selbst finden mag. Das Kind wird herumhampeln, nerven und sich beschweren. Ihm das dann vorzuwerfen, halte ich für unfair. Man sollte sich entscheiden: Entweder nimmt man das Kind mit und beschäftigt sich mit ihm. Oder man lässt die ganze Chose bleiben und setzt sich gleich vor den Fernseher. Immer noch besser, als vor der armen Leibesfrucht zu stehen und zu zetern: »Jetzt setz dich doch mal für ZWEI Minuten auf deine vier Buchstaben und schau dir das Bild an. Der Cézanne hat sich damit so viel Mühe gegeben und wir haben ganz viel Eintritt gezahlt!«

Was übrigens ebenfalls funktioniert, um eine gute Bindung zum Kind aufzubauen, ist, sich selbst nicht allzu ernst zu nehmen. Ich schwöre auf ein gewisses Maß an Autorität, aber ich habe keine Probleme damit, sie auch mal spielerisch an Wanda abzugeben. Eines unserer Rituale sieht so aus: Wenn wir zu Fuß unterwegs sind, beschleunige ich plötzlich den Schritt, ziehe sie an der Hand hinter mir her und rufe verärgert: »Kommst du jetzt, junge Dame. Aber ganz schnell!« (Habe ich mir von gestressten Meckerpott-Eltern abgeschaut) Das tue ich zwei-, dreimal hintereinander, Wanda lässt sich kichernd mitschleifen. Im Anschluss geht sie voraus, zieht mich an der Hand und ruft: »Kommst du jetzt, junger Papa! Aber sofort!«

Keine Ahnung, ob das pädagogisch wertvoll ist. Wir lachen jedenfalls sehr darüber, also kann es nicht völlig falsch sein. Manchmal muss ich Wanda freilich bremsen, wenn sie den Bogen überspannt. Es gab eine Phase, in der sie plötzlich anfing, mich zu bemuttern.

»Papa, du musst eine Mütze aufsetzen. Dir wird sonst kalt.«

»Ja, hast recht.«

»Und warum liegt da ein Hemd auf dem Boden?«

»Was für ein Hemd?«

»Im Schlafzimmer. Ich bring's in die Waschmaschine, okay?«

Woraufhin sie mit hochgezogenen Augenbrauen ihres Amtes waltete. Einerseits war das süß, andererseits war ich genau wegen solcher Sachen mit siebzehn bei meinen Eltern ausgezogen. Ich musste also mal wieder klarmachen, wer der Chef im Haus ist.

So oder so scheint es mir bisweilen sinnvoll, unvorhergesehen zu handeln. Das Kind zu überraschen. Auf eine Guerillataktik zu setzen, um noch mal das Kriegsbild zu bemühen. Dann geht man sich beim Autorität-Ausüben nicht selbst auf die Nerven.

MIT GROSSER MACHT KOMMT GROSSE VERANTWORTUNG

Ich habe es bereits erwähnt, als ich weiter vorn über meinen Versuch schrieb, mich fleischlos zu ernähren: Kinder sind leicht zu beeinflussen. Sie machen einem alles nach, saugen jedes gesprochene Wort auf wie ein Schwamm. Und posaunen es bei der erstbesten Gelegenheit in die Welt hinaus. Das kann einem schnell auf die Füße fallen.

Seit Wanda sechs ist, fahren wir zum Beispiel gern mit gemieteten E-Scootern durch die Stadt. Es ist zwar verboten, sich zu zweit damit fortzubewegen, aber das Kind ist dabei so glücklich, dass ich die Straßenverkehrsordnung einfach mal hemdsärmelig an unsere Bedürfnisse anpasse. Dadurch muss Wanda aber schnell vom Roller springen, sobald die Polizei in Sicht kommt (was sie inzwischen formidabel beherrscht). Jedenfalls kam es neulich zu folgendem Dialog:

»Achtung, Papa, die Bullen!«

»Das heißt Polizisten.«

»Du sagst doch auch immer Bullen.«

»Aber nicht, wenn die Bullen es hören können!«

Für die Passanten in Hörweite war das natürlich ein Anlass zum Lachen, doch so was kann auch in die Hose gehen. Man sollte also wirklich nicht unterschätzen, wie schnell die lieben Kleinen lernen, alles nachzuplappern. Gerade weil sie so empfänglich für Frechheiten jeder Art sind.

Bin ich ein Vorbild? Schwer zu beurteilen. Worauf ich jedoch Wert lege, ist meine relative Neutralität. Natürlich beeinflusse ich Wanda allein durch meine Art zu leben und zu handeln. Allerdings käme ich niemals auf die Idee, ihr irgendeine Form von Ideologie einzutrichtern. Das gehört sich einfach nicht. Diese Dinge muss jeder Mensch für sich selbst herausfinden. Denn woher soll man als Erziehungsberechtigter wissen, ob man selbst richtig liegt? Kinder sind ihren Eltern vollkommen ausgeliefert. Was die Alten bestimmen, ist Gesetz. Und bis die Kleinen alt genug sind, um dieses Gesetz zu hinterfragen, sind sie möglicherweise schon so blöd in der Birne, dass höchstens noch eine Schadensbegrenzung möglich erscheint. Als Elternteil sollte man den eigenen Einfluss deshalb behutsam einsetzen.

Ein Mangel an Behutsamkeit ist jedoch weitaus häufiger als umgekehrt. Gerade erst auf einer Klimademo in Berlin-Mitte beobachtet: die Blockade einer stark befahrenen Kreuzung. Ganze Familien saßen auf bunten Tüchern, malten mit Kreide auf den Asphalt, strahlten eine aggressive Friedfertigkeit aus. Irgendwann wurden einige der Eltern von der Polizei auf den Gehweg getragen. Passiver Widerstand. Die dazugehörenden Kinder reagierten mit Panik und Tränen. Ist es das wert? Ganz abgesehen von der Perfidie, die eigenen Kinder für die gute Sache als menschliche Schutzschilde zu benutzen. Ich für meinen Teil würde sagen: Nö.

Selbstverständlich spricht nichts dagegen, mit gutem Beispiel voranzugehen. Ich erkläre Wanda, was immer sie wissen will, halte mich aber wenn möglich mit einem Kommentar zurück. Weil aus ihr eben nicht das gleiche vorurteilsbeladene Wesen werden soll, das ich selbst bin. Wir schulden den »nachfolgenden Generationen« nicht nur einen intakten Planeten, sondern auch die Möglichkeit, sich ihr eigenes Urteil zu bilden.

LÜGEN IST EINE SOZIALKOMPETENZ

Irgendwo habe ich mal gelesen, dass kleine Kinder nur deshalb die Wahrheit sagen, weil ihr Assoziationsvermögen zum Lügen nicht ausreicht. Sie denken, dass jeder genau die gleichen Dinge weiß wie sie selbst, darum plaudern sie immerzu munter drauflos. Was dann zu diesen unangenehmen Situationen führt, die alle Eltern früher oder später kennenlernen dürfen.

Mir fällt da spontan ein Moment ein, der fast zum Zerwürfnis mit meiner Mutter geführt hätte. Mein Vater und sie waren für eine Woche zu Besuch in Berlin. Die beiden wohnten in dieser Zeit bei mir, wodurch wir uns pausenlos auf der Pelle hockten. Meine Eltern sind die reizendsten und unkompliziertesten Menschen der Welt, aber nach einer Woche zusammen in einer kleinen Wohnung kriegt man zwangsläufig einen Lagerkoller.

»Du, Oma?«, hörte ich dann eines Mittags das holde Stimmchen meiner Tochter. »Papa hat gesagt, dass du immer so viel redest und dass das anstrengend ist. Und es stimmt, du redest wirklich voll viel.«

»Na toll«, sagte meine Mutter, ehrlich betroffen. »Und was soll ich jetzt machen?«

»Na, einfach weniger reden!«

Der kurze Wortwechsel brachte den Haussegen gehörig in Schieflage. Meine Mutter war verständlicherweise gekränkt, mein Vater stand zwischen den Stühlen, ich selbst war dem Nervenzusammenbruch nahe und hätte den Moment gern entschärft, fühlte mich aber andererseits im Recht. Was kann man in so einem Augenblick tun? Dem Kind sagen, dass es den Schnabel halten soll? Es zu mehr Diskretion auffordern? So nach dem Motto: »Du hast zwar recht, aber du darfst es nicht sagen.«

Die Antwort ist ebenso einfach wie unbequem: Ich selbst als Vater hätte aufpassen müssen, was ich in der Gegenwart meiner Tochter von mir gebe. Denn sie konnte noch nicht einschätzen, welche Informationen für andere Ohren bestimmt sind und welche nicht. Hinterher ist man immer schlauer.

Lügen haben einen schlechten Ruf. Dabei sind sie im Alltag äußerst praktisch. Wird man penetranterweise nach dem Befinden gefragt, kaum verlässt man in der Frühe das Haus, kann man einfach antworten: Gut. Was natürlich eine Lüge ist, denn es geht einem selten gut. Zumindest wäre eine differenziertere Antwort erforderlich, die zu geben man meist keine Lust hat. Außerdem multiplizieren sich Sorgen sehr schnell, was niemandem hilft. Wenn meine Mutter mich anruft und wissen will, ob alles okay ist, sage ich nicht: Ich habe Liebeskummer, Geldprobleme und vielleicht auch noch eine Geschlechtskrankheit. Weil sie sich dann unnötig sorgen würde. Ich erzähle es ihr später, wenn alles wieder in Butter ist. Das nennt man Fingerspitzengefühl, ist aber im Grunde nichts anderes als lügen.

Ab wann bringt man dem eigenen Kind den Umgang damit bei? Denn dass man selbst schwindelt, kriegen Kinder ja mit. Ich kann mich noch gut an die Schwierigkeiten erinnern, als Wanda fünf Jahre alt war. Ein blödes Alter, was den Eintritt in diverse Vergnügungsstätten angeht. Mit vier dürfen sie noch umsonst rein, plötzlich soll man horrende Summen zahlen.

»Wie alt ist denn die Kleine?«

»Vier.«

»Aber Papa, ich bin doch jetzt fünf.«

»Nein, bist du nicht!«, ruft man streng und lacht die misstrauische Kassiererin an:»Hahaha, Kinder ...«

Auf der anderen Seite kommt man in so gut wie keinen Kinofilm rein. Weil die FSK in ihrer unergründlichen Weisheit beschlossen hat, dass sechs Jahre die entscheidende Grenze im Leben der Kinder markieren, ab der sie mit milden Gewaltdarstellungen umgehen können. Nicht mehr und nicht weniger. Trotzdem wollte Wanda gern mit fünf Jahren und acht Monaten die Neuverfilmung von *Der König der Löwen* schauen. Weshalb ich sie zum ersten Mal dezidiert zum Lügen aufforderte:»Wenn du an der Kasse gefragt wirst, wie alt du bist, dann sag, dass du sechs bist, okay?« War das cool? Oder der erste Schritt zur Zerstörung ihrer Unschuld?

Ich meine, seien wir doch mal ehrlich. Kinder lügen sowieso schon, dass sich die Balken biegen. Vollkommen schamlos erzählen sie irgendwelche Märchen, wenn sich daraus kleine Vorteile ergeben. Diese ursprüngliche kriminelle Energie habe ich Wanda nie übel genommen. Vielmehr sehe ich es als meine Verantwortung,

ERZIEHUNG ODER SO ÄHNLICH

sie in vernünftige Bahnen zu lenken. Denn es gibt gute Lügen und böse Lügen. An der Kinokasse und gegenüber dem Finanzamt muss man nicht ehrlich sein. Das ist sogar kontraproduktiv. Bei anderen Sachen ist Aufrichtigkeit wiederum bitter nötig. Wo genau man die Grenze zieht, bleibt jedem selbst überlassen. Ich schätze, das ist dann das, was man Erziehung nennt.

TOP 5 DER BELIEBTESTEN UND UNVERMEIDLICHSTEN LÜGEN

1. **Frage: Papa, warum muss ich immer Obst essen und du nicht?**
   Aufrichtige Antwort: Weil dein Körper das braucht, um zu wachsen. Ich bin ja schließlich schon groß.
2. **Frage: Papa, warum hast du so Kopfweh?**
   Aufrichtige Antwort: Keine Ahnung, muss am Wetter liegen.
3. **Frage: Papa, warum hatten wir keine Fahrkarte?**
   Aufrichtige Antwort: Ich habe vergessen, eine zu kaufen.
4. **Frage: Papa, ist mein Bild schön?**
   Aufrichtige Antwort: Wunderschön!
5. **Frage: Papa, wo war ich denn, bevor ich in Mamas Bauch war?**
   Aufrichtige Antwort: Da warst du noch ein Stern.

richtig hart feiern

Eine der zentralen Fragen in meinem Leben ist und sollte es im Leben von allen Eltern sein: Wie gestaltet man die Freizeit mit Kind, ohne die eigenen Laster zu vernachlässigen? Denn für den Nachwuchs auf all die schönen Unvernünftigkeiten zu verzichten? Das wäre ja noch schöner!

»Du würdest bestimmt ein ganz toller Vater werden!«

Vermutlich bin ich nicht der Einzige, der dieses vermeintliche Lob schon einmal vernehmen durfte. Kaum befindet man sich bei bekinderten Freunden und spielt für drei Minuten mit deren Brut, kriegt man allerhand Talente bescheinigt. Das ist lieb gemeint, aber weit weg von der Realität. Für Kinder, die nicht die eigenen sind, ist man nämlich immer der nette Onkel (oder die Tante) und als solche automatisch interessant. Davon lässt sich jedoch nur die Tatsache ableiten, dass man gut mit fremden Kindern herumblödeln kann. Über die möglichen Qualitäten einer zukünftigen Elternschaft sagt es nichts aus, das ist ein völlig anderes Paar Schuhe.

Wie eingangs erwähnt, bin ich dennoch mit neunundzwanzig Vater geworden. Je nachdem, ob man sich in der Stadt oder auf dem Land befindet, gilt das als früh oder spät. Meine eigenen Eltern – westdeutsche Kleinstädter – haben bereits mit neunzehn und zwanzig angefangen. Im Vergleich dazu bin ich ein Spätzünder. Wenn man mich mit zwanzig gefragt hätte, ob ich ein Kind will, ich wäre einer ehrlichen Auskunft ausgewichen. Ich wollte in diesem Alter kein Vater werden, geschweige denn noch früher. Vordergründig, weil ich mit besagter Selbstverwirklichung beschäftigt war. Das stimmte allerdings nur teilweise (zumal ich hier ja beweisen möchte und WERDE, dass durchaus beides gleichzeitig möglich ist). Die Wahrheit war schlicht und einfach: Ich hatte keine Lust auf ein Kind, weil ich noch ganz viel Spaß haben wollte. Ich wollte reisen, ich wollte trinken, ich wollte Drogen nehmen und meine Erfahrungen mit dem weiblichen Geschlecht vertiefen. Ein Kind schien mir bei all diesen ambitionierten Plänen im Weg zu stehen.

Hört man auf das Gerede der Leute, ist die Einschulung der erste Schritt in den Ernst des Lebens, der Beginn des Arbeitslebens der zweite, und ein Kind macht den Sack endgültig zu. Danach kommt höchstens noch eine Midlife-Crisis, aber das auch nur, wenn man sich vorher nicht selbst entleibt. Wer findet so eine Aussicht denn bitte verlockend? Dann doch lieber Junggeselle bleiben, *forever young*, und das Leben angehen wie eine Party.

Man muss ja nicht mal so exzessiv unterwegs sein wie ich zu meiner Zeit. Wahrscheinlich schrecken viele vor der Elternschaft zurück, weil sie einfach allgemein um ihre Freizeit bangen. Insbesondere Männer, die sich mit einem derart weitreichenden Entschluss sowieso Zeit lassen können, weil ihre biologische Uhr nicht so gnadenlos tickt. Der Konzertbesuch, das Treffen mit Freunden, ja selbst so was Simples wie Filme und Serien schauen, alles ist bedroht durch die Ansage: »Mit einem Kind ändert sich alles.«

Was ist also zu tun? Gibt es wirklich nur die eine unausweichliche Lösung, sich zwischen Freizeit und Kind zu entscheiden? Oder mit anderen Worten: Muss man unausweichlich auf eines von beidem verzichten? Man will schließlich kein Egoist sein, der Vater wird und trotzdem wie gehabt fünf Abende pro Woche in der Kneipe versackt. Der alle Unannehmlichkeiten der Partnerin aufbürdet und die Sache mit dem Kind wie ein zweitrangiges Hobby betreibt.

Die Challenge ist, beides zu schaffen. Cool bleiben trotz Kind, cool bleiben mit Kind. Wem das gelingt, der kann sich voller Stolz das Prädikat »Lebenskünstler« an den Frackschoß pinnen. Zumindest war das von Anfang an mein Bestreben. Hier kommt der Versuch einer Anleitung.

PARTNERS IN CRIME

Auf die Gefahr hin, mich zu wiederholen: Alles ist möglich, solange man den richtigen Partner, die richtige Partnerin hat. Wenn beide Eltern keine Kinder von Traurigkeit sind und sich gegenseitig den Spaß gönnen, werden sie ihn auch haben. Liiert man sich dagegen mit einem Sarg auf zwei Beinen, sieht es trübe aus fürs eigene Vergnügen, egal ob mit oder ohne Kind. Tut mir leid, das so deutlich sagen zu müssen.

Nora und ich waren ziemlich auf einer Wellenlänge. Mit Clubs, Drogen und Festivals hatte sie nie was am Hut, aber das hatte ich während Wandas ersten drei Lebensjahren ebenfalls nicht. Das war kein nobler Verzicht von mir, ich hatte in dieser Zeit einfach andere Interessen. Rotwein trinken, zum Beispiel. Dabei leistete Nora mir gern Gesellschaft, nachdem sie abgestillt hatte. Fand ein Konzert meiner Band statt, kam sie mit Wanda und unseren gemeinsamen Freunden dorthin. Wollte ich mal allein ausgehen, blieb sie mit Wanda zu Hause, wollte sie ausgehen, machte ich Kinderdienst. Eigentlich kein großes Zauberding.

Nachdem wir uns getrennt hatten, hörte diese Gemeinsamkeit nicht auf. Ich meine, durch das Wechselmodell hatten wir nun sowieso jeweils die Hälfte der Woche kinderfrei, um zu tun, was immer wir wollten. Doch es blieb auch weiterhin so, dass wir gegenseitig einsprangen, wenn der andere mal einen zusätzlichen Abend frei brauchte. Ganz einfach deshalb, weil wir es uns selbst und dem anderen gönnten.

Tja, und das soll nun mein Ratschlag sein? Sucht euch den passenden Partner? Wirklich ein toller Ratschlag. Ist mir schon klar, dass das einfacher gesagt ist als getan. Aber es geht hier nun mal darum, wie man trotz Kind ein wildes Leben führen kann. Und da sollte man durchaus beim Partner schon einmal vorfühlen, wie der das so sieht. Was anscheinend viele nicht tun, wenn man sich ihre verkniffenen Gesichter so anschaut. Ich weiß nicht, wie man auf die Idee kommt, durch ein Kind würde etwas besser werden, das bereits im Argen liegt. Wird es nicht, das braucht man gar nicht erst ausprobieren.

EIN TAG AUF DER RENNBAHN

Bevor ich jetzt noch weiter ins Schwadronieren komme, gebe ich einfach mal ein Beispiel, wie eine gelungene Fusion zwischen Kinderbetreuung und eigener Freizeit aussehen kann. Zumindest in meinen Augen. Den theoretischen Überbau liefere ich dann vielleicht nach.

In Berlin-Hoppegarten gibt es eine sehr schöne Galopprennbahn. Die Begeisterung für Pferderennen verdanke ich meinem Lieblingsautor Charles Bukowski, der gut vierzig Jahre lang fast täglich die Rennbahnen von Los Angeles und Umgebung besuchte und darüber schrieb. In Hoppegarten finden nur etwa zehn Renntage pro Jahr statt und ich versuche hinzugehen, wann immer ich kann. Nicht dass ich irgendeine Ahnung vom Pferderennsport hätte, es ist für mich reines Glücksspiel. Und es gibt nichts Schöneres, als an einem sonnigen Tag dort hinauszufahren, bei Bier oder Sekt die Wetten auszuknobeln und das Spektakel von der Tribüne aus zu betrachten.

Wanda war ungefähr sechs, als ich ihr davon erzählte. Sie war augenblicklich Feuer und Flamme.

»Ich will nächstes Mal mitkommen!«, rief sie.

»Na gut. Meinst du nicht, dass dir dabei langweilig wird? Zwischen den Rennen muss man immer eine halbe Stunde warten.«

»Da können wir doch einfach rumlaufen und uns alles anschauen oder ein Würstchen essen.«

»Und willst du auch wetten?«, fragte ich.

»Was ist das?«

»Ich gebe dir ein bisschen Geld und das setzt du auf irgendein Pferd. Also ich setze es für dich, weil Kinder das erst ab achtzehn selbst machen dürfen. Und wenn dein Pferd dann gewinnt, kriegst du ganz viel Geld zurück.«

»Und wenn es verliert?«

»Dann kriegst du gar nix.«

»Oh, ich will so gerne da hin!«

An einem schönen Oktobersonntag, dem Tag der Deutschen Einheit, fuhren wir also zusammen nach Hoppegarten. Ich hatte mir bereits im Vorfeld ein paar Favoriten ausgesucht, um nicht abgelenkt zu sein und mich Wanda besser widmen zu können. Genau wie Bukowski schloss ich dann ausschließlich Siegwetten ab, jeweils zehn Euro. Wanda setzte zwei, meistens auf mein Pferd, weil sie sich damit sicherer fühlte.

Dann ging es los und fing auch richtig gut an: Wir gewannen das erste Rennen, zwar nur mit einer Quote von 2:1, trotzdem leuchteten Wandas Augen, als wir direkt Gewinntickets einlösen konnten. Das zweite und dritte Rennen rückte uns die Frisur wieder zurecht, denn wir verloren sie beide. Wanda wirkte ein wenig frustriert, doch dann erwischten wir im vierten Rennen einen Außenseiter, wodurch wir prompt siebzig Euro im Plus waren.

»Warum haben wir für das Pferd jetzt viel mehr Geld gekriegt?«, wollte sie wissen.

»Weil es ein Geheimtipp war.«

»Dann setzen wir noch mal auf einen Geheimtipp!«

Was wir auch taten: auf Chilly Filly, eine schwarzbraune Stute, von Peter Schiergen trainiert, dem wir bereits unsere anderen Siege zu verdanken hatten. Das Glück schien uns gewogen an diesem Tag. Nach dem Start blieb Chilly Filly lange im hinteren Feld, erst in der Zielkurve tauchte sie unter den ersten Fünf auf, wurde Vierte, dann Dritte, dann Zweite. So viel Dusel können wir unmöglich haben, dachte ich, während Wanda mir vor Aufregung ihre Fingernägel in die Handfläche grub. Doch tatsächlich, nach einem Endspurt, einem nervenzerreißenden Kopf-an-Kopf-Rennen, galoppierte unser glorreiches Pferd als Erstes durchs Ziel. Die Quote war zuletzt sogar noch gestiegen, sodass wir für unseren Einsatz einen Gewinn von knapp zweihundertfünfzig Euro erwarten durften.

Voller Stolz und Siegesgewissheit schritten wir zum Wettschalter, um den Zaster in Empfang zu nehmen. Den Leuten um uns herum warfen wir überhebliche Blicke zu. Doch statt uns ein speckiges Bündel Geldscheine über den Tresen zu schieben, zuckte die Kassiererin nur mit den Schultern. Im spontanen Freudentaumel war mir entgangen, dass es eine Entscheidung per Siegfoto gegeben hatte und Chilly Filly im letzten Moment um eine Nasenlänge überholt worden war. Für mich ein wichtiger Lernmoment, in Zukunft einen Kontrollblick auf die Anzeigetafel zu werfen. Doch für Wanda brach eine Welt zusammen.

»Ist doch nicht schlimm«, tröstete ich sie. »Komm, wir kaufen uns erst mal ein Eis.«

Und dann drückte ich ihr das Geld in die Hand, das sie bisher gewonnen hatte.

»Aber wir haben doch gerade verloren!«

»Na und«, sagte ich. »Das zahle ich schon. Keine Sorge.«
Gewinne einstreichen, Verluste schönreden. Ich glaube, durch
diese Herangehensweise wird das Kind ein gesundes Verhältnis
zum Glücksspiel entwickeln. Schließlich baut unser ganzes Wirtschaftssystem auf Verschuldung auf. Warum sollten wir es dann anders machen? Nein, im Ernst, ich fand, es war eine gute Gelegenheit,
dem Kind zu zeigen, wie man mit Situationen des Scheiterns umgeht: Davon muss man sich nämlich keine grauen Haare wachsen
lassen. Man steht auf, klopft sich den Staub von den Knien und feiert die Niederlage. Außerdem kamen wir an diesem Renntag letztendlich bei plus/minus null raus, was schließlich auch eine Leis-
tung ist.

So oder so ist es eine fabelhafte Erfahrung, die eigenen Laster
mit seinem Kind zu teilen. Gerade weil es verbindet, gemeinsam
Mist zu bauen. Oder wie man früher sagte: Pferde zu stehlen. Womit sich der Kreis an dieser Stelle vorzüglich schließt.

HART FEIERN UND LIEBEVOLL ERZIEHEN?

Bei der Durchsicht der bisherigen Seiten fällt mir auf, dass es so
wirkt, als hätte ich zu jeder Zeit alles unter Kontrolle gehabt, das perfekte Gleichgewicht zwischen Hedonismus und Verantwortung gefunden. So als wäre ich eine Art Super-Daddy ohne Fehl und Tadel.
Sollte sich jemand davon eingeschüchtert fühlen, kann ich sie oder
ihn beruhigen: Es lief nicht immer so rund, wie es den Anschein hat.

Als Nora und ich uns kurz vor Wandas drittem Geburtstag
trennten, änderte sich alles. Ich war immer noch Vater, selbstverständlich, aber nur noch für die Hälfte der Woche. In der anderen
Hälfte konnte ich plötzlich tun und lassen, was ich wollte. Eine ver-
zwickte Situation. Vor allem, weil ich wegen der gescheiterten Beziehung der Meinung war, einiges an Selbstzerstörung nachholen
zu müssen.

Ich lernte eine Frau kennen, die jedes Wochenende in den Berliner Clubs unterwegs war. Nachdem ich vier Jahre lang als relativ braver Vater zu Hause gesessen hatte, lockte sie mich wieder mitten hinein in den Hexenkessel. Die durchfeierten Nächte häuften sich, Schlaf fand nur noch symbolisch statt. Es war eine atemlose Zeit, ich stand ziemlich neben mir. In der Regel schaffte ich es zwar, die Exzesse auf die Tage zu beschränken, in denen Wanda nicht bei mir war. Doch es gab eine Ausnahme.

Eigentlich sollte es ein schöner Vater-Tochter-Tag werden. Wanda und ich gingen in den Zoo, spazierten zwischen den Tiergehegen herum. Bereits in diesem Moment war ich mehr mit meinem Handy als mit dem Kind beschäftigt. Meine Clubfreundin war noch auf einer After-Hour-Party und fragte andauernd, ob ich nicht vorbeikommen könnte. Es würde ihr nicht so gut gehen. Wanda zeigte mir derweil einen Geier, ein Wisent, eine Giraffe. Ich schaute kaum hin.

Als wir zu Hause waren, hielt ich es schließlich nicht mehr aus. Ich rief Nora an und fragte, ob sie Wanda ausnahmsweise abholen könnte. Es wäre so eine Art Notfall. Dann ging ich zu meiner Tochter, die sich auf einen gemütlichen Abend bei mir freute, und sagte:

»Weißt du was? Deine Mama holt dich heute schon ab.«

»Warum?«

»Ich muss was Wichtiges erledigen und kann dich leider nicht mitnehmen.«

»Aber ich will bei dir bleiben.«

»Wir sehen uns doch übermorgen schon wieder. Und deine Mama macht bestimmt was Tolles mit dir.«

Es gelang mir tatsächlich, sie mit meiner aufgesetzten Fröhlichkeit anzustecken. Eifrig suchte sie ihre Sachen zusammen. Doch als sie dann im Flur stand und sich bereitwillig die Schuhe zubinden ließ, sah ich in ihrem Gesicht, dass sie alles begriff. Ihr Lächeln war viel zu erwachsen. Ich glaube, in diesem Augenblick alterten wir beide weit mehr, als gut für uns war.

Das schlechte Gewissen, mein Kind abgeschoben zu haben, meldete sich noch am gleichen Abend. Beziehungsweise in dem

Moment, als Wanda zu Nora ins Auto stieg. Und ich warf es mir lange vor. Auch heute gibt es mir einen Stich, wenn ich daran denke. Allerdings bewirkte dieser Schreckmoment, dass ich meine Tochter von da an nie wieder so enttäuscht habe. Sie erinnert sich heute nicht einmal mehr daran. Doch für mich war es eine Zäsur.

Ich meine, es gab in diesen Wochen des Wahnsinns auch andere Situationen, die ein normaler Mensch als grenzwertig empfinden würde. So fuhr ich einmal direkt vom Club in die Kita, um Wanda abzuholen. Für geschulte Augen wäre es mehr als ersichtlich gewesen, dass ich durchgemacht hatte und alles andere als nüchtern war. Zu meinem Glück hingen die Erzieherinnen und anderen Eltern wie immer in ihrem eigenen Wolkenkuckuckshimmel und nahmen keine Notiz davon (möchte ich zumindest glauben).

Welche Lektion kann man nun daraus ziehen? Vielleicht einfach nur die, dass niemand perfekt ist. Fehler gehören zum Leben dazu, wichtig ist nur, dass man sich damit auseinandersetzt und sie nicht wiederholt. Mir haben diese Fehltritte gezeigt, dass ich so nicht leben möchte, dass drogendurchwabte Nächte im Club nicht mehr zu meinem Lebensentwurf passen. Ich will das Leben noch immer hart feiern. Doch mein Kind soll davon nicht ausgeschlossen sein.

DAS WÄRMSTE JÄCKCHEN
IST DAS COGNÄCKCHEN

Es ist seitdem eine zentrale Frage in meinem Leben, und es sollte eine zentrale Frage im Leben von allen Eltern sein: Wie gestaltet man die Freizeit mit dem Kind, ohne die eigenen Laster zu vernachlässigen? Denn für den Nachwuchs auf all die schönen Unvernünftigkeiten zu verzichten, kommt nicht infrage. Das wäre ja noch schöner!

Aufmerksam Lesende haben eventuell bereits zwischen den Zeilen herausgelesen, dass ich gern mal einen über den Durst trinke.

Eine nicht gerade selten anzutreffende Leidenschaft. Zu meiner Verwunderung erhalte ich jedoch von manchen Vätern, denen ich gerade ein Bier angeboten habe, die Antwort:»Eigentlich gern, aber ich trinke nicht, wenn mein Kind dabei ist.« Uff, denke ich dann. Starker Tobak. Kann ja jeder selbst entscheiden, wie er das handhabt, aber mir ist das viel zu extrem. Ich bin nun mal Künstler und Hedonist. Das habe ich mir nicht ausgesucht, es ist einfach so. Und gegen die eigene Natur zu handeln, bringt Unglück. Was bleibt mir also anderes übrig, als offen mit meinem Laster umzugehen, auch und erst recht vor meinem Kind? Ist doch viel vernünftiger, das Nützliche mit dem Angenehmen zu verbinden.

Wanda liebt zum Beispiel die Pfandautomaten im Supermarkt. Sie könnte sich stundenlang damit beschäftigen, Flaschen und Dosen hineinzuschieben. Das Knirschen, wenn das Blech von der Maschinerie zerdrückt wird, zaubert ihr jedes Mal ein Lächeln aufs Gesicht. An Leergut mangelt es bei mir nie, sie kann also mindestens einmal pro Woche ihrem Hobby nachgehen. Klar kommt es bisweilen mal vor, dass sie sich im Eifer des Gefechts mit Bierresten bekleckert, meine Güte! Dafür beschäftigt sie sich mit so einer wichtigen Sache wie Recycling, das ist doch auch etwas wert.

Ein weiteres Ding, das es ihr angetan hat, ist mein Cocktailshaker. Mit großen Augen sah sie zu, wie ich mir zum ersten Mal einen Whiskey Sour mischte. Seitdem darf ich den Shaker nicht mehr anrühren. Wenn mir nach einem Cocktail ist, muss ich Wanda in die Küche holen. Unter meiner Anleitung gibt sie dann Eiswürfel, acht Zentiliter Bourbon und vier Zentiliter Zitronenlikör in den Becher, trennt ein Ei und fügt das Eiweiß hinzu (der Dotter kommt ins tägliche Beef Tatar). Und im Anschluss schüttelt sie, was das Zeug hält. Was ziemlich lustig aussieht, weil der Shaker ungefähr halb so groß ist wie sie selbst. Natürlich bietet sie jedem Gast, der unsere Wohnung betritt, sofort Cocktails an, in der Hoffnung, sich nützlich machen zu können. Gut möglich, dass sie auf die Art einige unbedarfte Bekannte zu Trinkern gemacht hat.

Prädestiniere ich meine Tochter damit zu einem späteren Alkoholismus? Schließlich machen Kinder alles nach, wie wir wissen. Man muss vielleicht dazu sagen, dass ich in Wandas Gegenwart nie viel trinke. Das tue ich überhaupt sehr selten. Ganz wie in *Der Rausch* ziehe ich einen leichten Pegel vor, den ich dann halte. Zur Erklärung für alle, die diesen famosen Film nicht kennen: Es geht darin um die These des norwegischen Psychiaters Finn Skårderud, nach der dem Menschen grundsätzlich 0,5 Promille Blutalkohol fehlen. Vier Lehrer wagen deshalb das Experiment, sich während der Arbeit immer leicht einen anzutrinken, mit erstaunlichen Ergebnissen: mehr Selbstbewusstsein, mehr Esprit, mehr Inspiration.

Funktionales Trinken, etwas anderes kommt für mich nicht infrage. Allein schon, weil ich pro Jahr zwei bis drei Bücher und diverse Kolumnen schreiben muss. Für Puritaner hört sich das vermutlich wie ein erbärmlicher Versuch an, mich zu rechtfertigen. Doch denen kann man es als lebensfroher Mensch ohnehin niemals recht machen. Vergessen wir also die Puritaner. Alkoholkonsum ist fest in unserer Gesellschaft verankert, er gehört zu unserer kulturellen Identität. Und da er nun einmal stattfindet, gut sichtbar für Wanda, ziehe ich es vor, ihr einen gesunden Umgang damit zu vermitteln.

Zum Beispiel im Bierbrunnen. Diese wundervolle Kneipe besuche ich seit eineinhalb Jahren fast täglich, weil es sich dort hervorragend arbeiten lässt (auch etwa drei Viertel dieses Buchs sind im Bierbrunnen entstanden). Die anderen Stammgäste lassen mich in Ruhe, wenn sie merken, dass ich konzentriert bin, sind aber jederzeit zur Stelle, wenn ich zur Auflockerung ein Schwätzchen halten möchte. Musik kommt nur aus der Jukebox, die man dafür eigens anwerfen muss. Das Bier zischt und wird ohne Verzögerung bereitgestellt.

Nachdem ich Wanda mehrmals von dieser Oase erzählt hatte, wurde es unumgänglich, sie auch dorthin mal mitzunehmen. Längst hatten auch die fröhlichen Trinker am Tresen vernommen, dass ich

eine Tochter hatte, und waren neugierig auf sie. Wir packten also die
Uno-Karten ein und machten uns auf den Weg. Eine Apfelschorle
und ein kleines Bier. Wir zockten ein paar Runden, schauten zwei
Rockern bei ihrer Billardpartie zu. Noch eine Apfelschorle und ein
kleines Bier. Als Wanda nach einer Dreiviertelstunde wieder aufbre-
chen wollte, taten wir das unverzüglich. Nichts ist deprimierender
als ein Kind, dem die Heimkehr verwehrt wird und das nur als sinn-
loses Anhängsel neben den feiernden Eltern sitzt.

Der Bierbrunnen ist seit diesem ersten Besuch ein beliebtes
Ritual geworden. Alle paar Wochen gehen wir tagsüber für ein
Stündchen hin. Wanda kennt inzwischen die Nummern ihrer Lieb-
lingslieder auf der Jukebox auswendig. Den Billardspielern darf sie
die Kugeln zum Anstoß hinlegen und die Kreide für die Queues reichen. Von diversen Stammgästen kriegt sie regelmäßig Bonbons
und Schokolade zugesteckt, was fest in ihren Zuckerhaushalt ein-
geplant ist. Nach zwei Getränkerunden gehen wir wieder, denn man
soll ja aufhören, wenn es am schönsten ist.

Ist es verantwortungsvoll, ein Kind mit an diesen Ort des Lasters
und der Sünde zu nehmen? Ihr die alten Trinker und hoffnungslos
süchtigen Automatenzocker vorzuführen? Als aufrechter Katholik
kann ich ruhigen Gewissens sagen: Absolut. Das ist nun mal das
Umfeld, in dem ich mich aufhalte, es gehört zu mir, wie ich zu ihm
gehöre. Meinem Kind einen so wichtigen Teil meines Lebens vor-
zuenthalten, würde bedeuten, es davon auszuschließen. Das wäre
ganz schlecht für unser Bonding.

WENN DER SCHÄDEL BRUMMT

»Die Stimme stockt und Schluchzer unterbrechen die Worte beim
Diktieren; eingenommen ist die Stadt, die den ganzen Erdkreis eingenommen hat.« Ich weiß nicht wieso, aber diese Worte des wei-
sen Hieronymus, die er im Jahr 410 beim Fall Roms an den Go-
tenkönig Alarich niedergeschrieben hat, kommen mir jedes Mal

in den Sinn, wenn ich verkatert bin. Gerade noch hatte man Oberwasser, zog um die Häuser, war der größenwahnsinnige Herrscher der Nacht – und im nächsten Moment hängt man würdelos über der Kloschüssel.

Selbst wenn man das Glück hat, seinen Kater in Ruhe auskurieren zu können, ist er lästig genug. Richtig schlimm wird es jedoch, wenn man dabei ein Kind an der Backe hat. Kindern könnte es nicht gleichgültiger sein, dass man leidet. Und es ist ihnen in diesem Fall nicht mal zu verdenken, schließlich hat man sich die Misere selbst eingebrockt. Wer am Abend ein Held sein kann ...

Früher war Nora so gnädig, sich mit Wanda zu beschäftigen, wenn ich vom nächtlichen Gelage noch etwas mürbe im Zylinder war. Doch seit wir im Wechselmodell leben, muss ich meine Exzesse voll und ganz selbst ausbaden. Geschieht mir ja recht, was bin ich auch so ein versoffener Vollpfosten?

»Papa, willst du heute gar nichts frühstücken?«

»Ich glaube nicht.«

»Darf ich mir Cornflakes machen und ein Würstchen dazu essen?«

»Uff, ich glaube, ich muss ins Bad.«

»Musst du göbeln?«

»Sei nicht so frech.«

Manchmal habe ich das Gefühl, meine Katertage würden immer zielgenau auf solche Tage fallen, an denen das Kind besonders gut drauf und aktiv ist. Mondphasen? Schicksal? Ausgleichende Gerechtigkeit? Wie auch immer, mir bleibt dann nichts anderes übrig, als mich dem Willen der höheren Mächte zu unterwerfen und die Zähne zusammenzubeißen. Wenn das jedoch nicht möglich ist, greife ich gern zu einem Trick.

KOSTENLOSER LIFEHACK

Der Schädel brummt, doch das Kind ist quälend unternehmungslustig? Einfach in den Krankheitsmodus schalten. Burger bestellen, gemeinsam auf dem Sofa herumlümmeln und Filme schauen, so als wäre man erkältet und könnte nicht vor die Tür. *Anything goes.* Solange es eine Ausnahme bleibt, kann man da ruhig mal ein Auge zudrücken. Oftmals verbessert sich der eigene Zustand schnell wieder, dann kann man immer noch in den Park oder Ballspielen gehen. Also immer ruhig mit den Pferden.

URLAUB VOR DER GLOTZE

Okay, das klang jetzt so, als würde ich mit Wanda nur Filme schauen, wenn wir krank sind und ans Sofa gefesselt. Das ist nicht ganz korrekt. Mein Fernseher ist weder an ein Kabelnetz noch ans Internet angeschlossen, weil ich die einschlägigen Programme nicht mag. Es gibt bei uns nur einen altmodischen DVD-Player – der dafür ziemlich oft läuft. (Für die jüngeren Generationen: ein Nachfolger des antiken Videorekorders, mit dem man Discs abspielt, echte, haptische Discs, die man in die Hand nehmen kann. Verrücktes Konzept, ich weiß.)

Filme sind ein fester Bestandteil meines Lebens, seit ich als Kind meine ersten drei Videokassetten in Händen hielt (*FYI*: Mel Brooks' *Helden in Strumpfhosen, Das Leben des Brian* und *Die Maske* mit Jim Carrey). Durch die Filmsammlung meines großen Bruders wurde ich an das opulente Œuvre der Action-, Science-Fiction- und Horrorfilme der 80er- und 90er-Jahre herangeführt. Als ich im Dezember 2001 mit sechzehn im Kino saß und den ersten Teil von *Der Herr der Ringe* sah, war das ein Erweckungserlebnis.

Filme blieben die einzigen treuen Begleiter meines ersten Berlin-Jahres. Ich kannte niemanden in der Stadt, mein Freundeskreis bestand aus Stanley Kubrick, David Lynch, Woody Allen und Terry Gilliam. Schließlich drehte ich sogar zwei eigene Filme als Regisseur und Produzent, merkte aber dabei, dass mir das stille, zurückgezogene Schreibhandwerk besser liegt.

Long story short: Ich mag Filme. Es gibt kaum eine bessere Art, Menschen kennenzulernen, als sich über die eigenen filmischen Vorlieben und Abneigungen auszutauschen. In einer Partnerschaft mit der Frau meines Herzens Filme zu schauen, die sie noch nicht kennt, ist eine meiner Lieblingsbeschäftigungen. Ich bin dann so gespannt auf die Reaktionen, als wäre ich selbst Urheber dieser Filme. Und umgekehrt finde ich es spannend, ihre Lieblingsfilme zu sehen, vor allem, wenn ich sie noch nicht kenne. Was läge also näher, als diese Liebe auch mit der Person zu teilen, die nicht nur meine Tochter, sondern auch eine meiner besten Freundinnen ist?

Natürlich musste ich einiges an Geduld aufbringen, bis ich mit Wanda endlich *Der Herr der Ringe* sehen konnte. Mit einem vierjährigen Kind ist das nicht sonderlich zielführend (wir haben das erst viel später gemacht, als sie sechs war). Es galt also zunächst mal, die gängigen Kinderfilme abzugrasen. Ohne Kind würde man als Erwachsener wohl kaum noch mal *Pocahontas* schauen oder *Ronja Räubertochter*. Das ist aber eine sehr interessante Erfahrung, weil ich auf die Art in meine eigene Kindheit zurückkehrte und feststellen musste, wie verzerrt die Erinnerung an diese Filme meist ist. Jedes Wiedersehen war ein völlig neues Erlebnis. Enttäuschend oder auch verblüffend, auf jeden Fall rief es bei mir immer eine echte emotionale Reaktion hervor. Es war also nicht einfach nur eine Pflichtbeschäftigung mit dem Kind, sondern eine gemeinsame Reise.

Besonders spannend auch hier: die Reaktionen des Kindes zu beobachten. Weil sich beim Filmeschauen nicht nur zeigt, wo die Vorlieben liegen, ob Disney besser ankommt als Pixar oder das wundervolle japanische Studio Ghibli. Man wird auch Zeuge der Entwicklung, die die Auffassungsgabe des Kindes macht.

Ich kann mich zum Beispiel noch sehr gut daran erinnern, als Wanda zum ersten Mal bei einem Film weinen musste. Wir waren zu Besuch bei meinem ungarischen Freund Attila. Während ich mit ihm die neue Lieferung fetten Specks aus seiner Heimat verkostete, schauten wir mit Wanda einen Dinofilm. Ich weiß nicht mehr, wie er hieß. Der Clou war jedenfalls, dass die Dinosaurier darin die zivilisierten, sprachbegabten Wesen sind, die Menschen dagegen die Wilden. Wanda war vier und durchaus schon geschult in der gängigen Bildsprache. Trotzdem erschlossen sich ihr nicht alle Zusammenhänge. Als am Ende vom ersten Akt der Vater des Dinos in einem Fluss ertrank, dachte ich schon, ich müsste den Film ausmachen. Doch Wanda kriegte davon gar nichts mit – viel zu viele Farben, Lichter, Geräusche. Am Ende dagegen, als der Dino sich von dem ihm anvertrauten Menschenkind trennen musste und ihm das nonverbal, nur mithilfe von Gesten begreiflich machte, schlug die Bombe voll ein: Zuerst saß Wanda ganz bedröppelt neben mir. Sie versuchte zu lachen, die unaufhaltsam auf sie zurollenden Emotionen herunterzuspielen. Ich nahm sie in den Arm und fragte, ob sie traurig wäre. Sie schüttelte tapfer den Kopf, doch dann kamen die Tränen. Mit brechender Stimme wollte sie wissen, warum der Junge und der Dino sich trennen mussten. Ich war so gerührt, dass ich direkt anfing mitzuheulen. Attila ging es nicht anders, und so saßen wir dann drei, vier Minuten lang flennend vor dem Abspann dieses Kinderfilms.

Selbstverständlich habe ich auch gegenteilige Erfahrungen gemacht. Oft genug saß ich mit Wanda vor einem Streifen, dem sie begeistert folgte, während ich vor Langeweile am liebsten zu Asche zerfallen wäre. Besonders schlimm sind sogenannte Filme für die ganze Familie, weil die sich nicht entscheiden können, wen sie eigentlich ansprechen wollen. Die Kinder werden mit dem üblichen Schnullibulli-Mix aus niedlichen Figuren und schmissigen Musical-Hits abgespeist, für die Erwachsenen gibt es zotige Witze und Anspielungen. Knickknack und ein Augenzwinkern. Der Disney-Versuch, eine möglichst große Zielgruppe zu erreichen. Scheint in der Vermarktung prima zu funktionieren, fühlt sich für mich jedoch an, als würde man mir Bambussplitter unter die Zehennägel treiben. Nein danke, da bin ich raus, so seelisch verwahrlost bin ich noch nicht.

Es gibt allerdings Filme, deren Reiz sich nicht auf Anhieb erschließt. Ich denke da insbesondere an *Die Eiskönigin*, ein Kelch, der wohl an niemandem vorüberzieht, der eine Tochter hat. Was habe ich bei den ersten fünf Malen gelitten, als Wanda mich zwang, mir diesen Schinken zuzumuten. Mein Stolz, meine Integrität, meine Männlichkeit, all das wurde hinweggespült. Ich saß da und dachte: »Das war's jetzt. Ich schaue Filme über Märchenprinzessinnen. SINGENDE Märchenprinzessinnen. Ich werde nie wieder Sex haben, ich bin ein Eunuch, der Drops ist gelutscht, und zwar gründlich.«

Doch dann, kaum zu glauben, kam die Erleuchtung. Wanda nahm mich bei der Hand und meinte in ihrer unverwüstlichen Fröhlichkeit: »Komm, Papa, wir schauen den Film noch mal!« Und plötzlich begriff ich. Es ging in *Die Eiskönigin* nicht um Märchenprobleme, sondern um alles. Ich war wie Elsa. Genau wie sie befreite ich mich von den Zwängen, die meine unbarmherzige Umwelt mir auferlegte, von den dunklen Jahren im Schloss. Ich ging mit ihr in die Berge, entfesselte meine Kräfte und ließ los. Ich ließ einfach los. Seitdem fühle ich mich wie neugeboren. Oder so ähnlich.

Spaß beiseite: Das gemeinsame Filmeschauen ist eine Ebene für Wanda und mich, die nicht mehr wegzudenken ist. Vor allem bietet mir das eine gute Gelegenheit, mit meinem Nerdwissen zu glänzen. Kinder denken ja schon lange vor der Pubertät, dass die Alten im Grunde keine Ahnung von nichts haben. Vor allem nicht von den coolen Sachen. Wenn Wanda dann aber merkt, dass ich ihr jede Frage zu Mittelerde beantworten kann, zu *Star Wars* oder sonst was, sieht sie mich mit ganz anderen Augen. Dann bin ich plötzlich eine ernst zu nehmende Autorität für sie. Mal sehen, ob ich auch in Zukunft jung genug bleibe, um mich auf neuere Trends einzulassen. Tolkien ist ja nun nichts, womit man bei Teenagern einen Blumentopf gewinnen kann. Fest steht jedenfalls: Filme, Serien, Computerspiele sind der beste Weg, um den Draht zum Kind zu behalten.

TOP 5 DER SCHÖNSTEN KINDERFILME

1. **So gut wie alles vom japanischen Studio Ghibli. Vor allem *Chihiro*, *Totoro* und *Das wandelnde Schloss*. Keine Angst vor irren Manga-Welten! Diese Filme sind melancholisch, wild und einfach nur schön.**
2. **Walt Disneys *Rapunzel*. Eine selbstbewusste und doch verletzliche Protagonistin. Ich heule jedes Mal, wenn sie am Ende zu ihren Eltern zurückkehrt.**
3. ***Merida* von Pixar als eindrückliches Porträt einer Mutter-Tochter-Beziehung.**
4. ***Das letzte Einhorn.***
5. **Na gut. Meinetwegen nehme ich *Die Eiskönigin* in diesen Kanon mit auf. Aber nur meinem Kind zuliebe.**

DER BESTE BABYSITTER DER WELT

Einen kleinen Nachtrag zum Thema »Filme schauen« muss ich noch loswerden. Denn es wird unter Eltern viel diskutiert, wie viel Medienkonsum man den lieben Kindern überhaupt erlauben soll. Eine Stunde pro Tag? Zwei Stunden? Oder doch nur eine halbe? In dem Zusammenhang gebe ich zu, dass ich nicht immer gemeinsam mit Wanda Filme schaue. Manchmal parke ich sie schlicht und einfach vor dem Fernseher, damit ich in Ruhe etwas anderes machen kann.

Auch wenn dieser Move einen schlechten Ruf hat, kann ich ihn vorbehaltlos empfehlen. Man ist sowieso schon den ganzen Tag mit dem Kind beschäftigt. Da ist es keine Schande, sich eine kurze Auszeit zu nehmen, um den Haushalt zu schmeißen, in Ruhe zu duschen oder einfach nur auf dem Sofa zu liegen und an die Decke zu starren. Der Medienkonsum ist so sehr Teil unserer modernen Welt, dass es ebenso anachronistisch wie zwecklos erscheint, ihn verteufeln zu wollen. Diese Energie sollte man besser darauf verwenden, das Kind nicht jeden Schrott schauen zu lassen.

reisen

Reisen sind Ausnahmesituationen, auch ohne Kind. Aber wenn schon der Pärchenurlaub Strapazen bedeutet, der Urlaub mit Freunden, ja sogar der Urlaub allein, wie soll man ihn dann mit Kind gestalten? Ist das überhaupt möglich, ohne noch gestresster nach Hause zu kommen? Reisen mit Kind will auf jeden Fall gelernt sein.

Gerade erst ist es wieder passiert. Ich treffe einen Kumpel auf der Straße, der ebenfalls eine Tochter hat. Er sieht übermüdet aus, dunkle Augenringe umschatten seinen Blick.

»Oh, Mann. Ich bin urlaubsreif!«, beklagt er sich.

»Wieso?«, will ich wissen. »Ihr wart doch gerade erst zwei Wochen weg, oder?«

»Ja, im Center Parcs! Glaubst du, da konnte ich mich auch nur für eine Sekunde entspannen? Das ist keine Erholung, das ist Sterben auf ganz kleiner Flamme!«

Ich ahne in dem Moment, dass ich meinen Finger besser nicht in die Wunde legen sollte. Doch mein Mundwerk ist schneller:

»Wenn es da so schrecklich ist, warum macht ihr dann nicht woanders Ferien?«, frage ich.

»Meine Tochter hat es sich halt gewünscht!«

Ich sehe es förmlich vor mir. Man sitzt wochenlang für zigtausend Euro in schäbigen Bungalows, schaut dem würdelosen Treiben überdrehter Animateure zu und versucht sich am sauren All-inclusive-Wein schadlos zu halten, um nicht vollständig den Verstand zu verlieren. Es ist mir schleierhaft, warum man sich freiwillig in ein solches Szenario begibt. Urlaub macht man doch nicht für das Kind, sondern zuerst und vor allem für sich selbst. Oder bin ich da schief gewickelt? Es sind schließlich die Eltern, die sich von ihrer Maloche erholen müssen. Warum sollten sie sich dann auch noch in ihrer wohlverdienten Freizeit quälen? Aber eins nach dem anderen, ich fange schon wieder am Ende an.

Reisen sind Ausnahmesituationen, auch ohne Kind. Wer hätte nicht schon die Erfahrung gemacht, dass man mit Freunden in Urlaub fährt, mit denen man sich sonst glänzend versteht, und plötzlich klappt gar nichts mehr? Man geht sich gegenseitig auf die Nerven, jeder hat andere Vorstellungen davon, wie der Tagesablauf auszusehen hat, und am Ende gibt's Streit.

Wenn schon der Pärchenurlaub Strapazen bedeutet, der Urlaub im Freundeskreis, ja sogar der Urlaub allein, wie soll man ihn dann mit dem Kind gestalten? Ist das überhaupt möglich, ohne danach wie mein Kumpel völlig gestresst nach Hause zu kommen? Eins kann ich aus Erfahrung schon sagen: Reisen mit Kind will gelernt sein. Das geht nicht von heute auf morgen. Und auf jeden Fall sollte man als Eltern die Eier in der Hose haben, sich für ein Reiseziel zu entscheiden, von dem alle was haben, nicht nur das Kind.

IT'S A LONG WAY TO THE TOP
(IF YOU WANNA ROCK 'N' ROLL)

Ich sage oft, und das mit einem gewissen Stolz, dass Wanda ein Reisekind ist. Das kommt einerseits daher, dass sie gern und viel reist. Seit der Trennung machen wir das überwiegend zu zweit – Vater und Tochter. Wir setzen uns in den Zug oder ins Flugzeug und schauen uns für zwei, drei Tage irgendwelche Städte an, vorzugsweise am Meer. Malaga, Venedig, Neapel ...

Andererseits bezeichne ich Wanda auch deshalb als Reisekind, weil Reisen mit ihr so unkompliziert ist. Warterei am Flughafen, lange Zug- oder Autofahrten sind kein Problem, solange sie weiß, was auf sie zukommt (für eine gewisse Unterhaltung muss ich natürlich sorgen und packe ihr Malzeug oder einen Discman ein). Dass Wanda dieses Kreuz so geduldig trägt, ist derweil kein Glücksfall, sondern rührt daher, dass wir sie früh ans Reisen herangeführt haben.

Die erste, wirklich sehr frühe Reise unternahmen wir, als Wanda gerade mal zwei Monate alt war. Es war kein reiner Vergnügungstrip, im Gegenteil. Der Lebensgefährte eines unserer liebsten Freunde war gestorben und wir wollten ihn nicht allein lassen in seiner Trauer. Dazu war es erforderlich, dass wir zu ihm nach Wien fuhren, mit dem Auto von Berlin aus eine Fahrt von acht bis neun Stunden. Uns war klar, dass wir das unmöglich in einem Rutsch schaffen konnten. Den Stress wollten wir keinem von uns zumuten.

Wir teilten die Reise deshalb in zwei Etappen auf und blieben auf dem Hin- und Rückweg jeweils eine Nacht in Prag, was immer noch anstrengend genug war. Ich saß während der gesamten Fahrt

bei Wanda auf der Rückbank, um sie betüdeln zu können. Alle nase-
lang mussten wir anhalten, um sie zu wickeln oder damit sie gestillt
werden konnte. Doch der Trip war wichtig und gut, unser Freund
war froh über unsere Anwesenheit und darüber, als einer der Ersten
in unserem Freundeskreis das Wanda-Kind kennenzulernen.

Ich behaupte natürlich nicht, dass sich unsere Tochter an diese
erste Reise erinnern könnte. Und sich dadurch irgendwie zu einer
Art superbelastbarem Wunderkind entwickelt hat. Es geht ja nicht
nur um das Befinden des Kindes während solcher Ausflüge, sondern auch darum, wie man als Eltern mit dem Stress umgeht. Nora
und ich waren dabei ein gutes Team, wir ließen uns nicht so leicht
aus der Ruhe bringen. Und ich glaube, das ist durchaus ein Faktor,
der das Kind beeinflussen kann. Weil man damit Vertrauen schafft.

Es gab zum Beispiel noch eine andere Wien-Fahrt mit dem Zug
über Bayern – an einem von diesen Tagen, an denen die Deutsche
Bahn auf ganzer Linie versagt. Ausgefallene Züge, ausgefallene Kli-
maanlagen bei vierzig Grad im Schatten, solche Sachen. Ich weiß
noch gut, wie furchtbar das alles war, doch genauso erinnere ich
mich an folgenden Moment: Nora und ich am letzten freien Tisch
im Bordrestaurant, an ganz normale Sitzplätze war nicht zu denken.
Vor uns standen Getränke, die wir rechtzeitig ergattert hatten. Neben
mir auf der Sitzbank, in einem Nest aus Tüchern und Wechselklamotten, lag Wanda und plapperte fröhlich vor sich hin. Von der
Hektik und dem Wahnsinn um sie herum bekam sie nichts mit, sie
sah nur mich und meine ungetrübte Laune. Am Ende kamen wir un-
beschadet in Wien an, und der Stress war augenblicklich vergessen.

Ein Reisekind, soso. Hört sich an, als hätten wir immer alles bes-
tens im Griff gehabt, richtig? Doch keine Sorge, ich kann alle beruhigen, die sich jetzt blöd fühlen, weil es mit ihrem Kind nicht so gut
klappt wie bei uns. Wanda war in ihren ersten zweieinhalb Lebensjahren schlicht ein sehr unkompliziertes Kind. Wir waren dankbar
dafür, verwöhnt und völlig ahnungslos, wie das Gegenteil aussehen
kann. Als dann die erste Krise kam, haute sie so richtig rein, voll auf
die Zwölf.

KRISE IM NAHEN OSTEN

Wir hatten es von langer Hand geplant: fünf Wochen Israel, im August und September. Basislager in Jaffa, der Altstadt von Tel Aviv, von dort aus Rundreisen nach Jerusalem, in den Norden, ans Rote Meer. Wieder war der ausschlaggebende Anlass ein Todesfall. Alush, der Ehemann meiner siebzigjährigen Freundin Aviva, war Anfang des Jahres gestorben. Ich kannte Aviva von der Theaterproduktion, bei der ich als Stage-Manager gearbeitet hatte, und stand mit ihr in einem regen E-Mail-Kontakt. Natürlich war sie über die Geburt meiner Tochter total aus dem Häuschen, drängte ohnehin seit Monaten, dass wir sie besuchen kommen sollten. So entschieden wir uns also für eine Reise ins Heilige Land.

Wer schon mal in Israel war, hat eventuell mitgekriegt, dass alle Einheimischen, die es sich leisten können, im August das Land verlassen, und zwar aus gutem Grund. Temperaturen von fünfundvierzig Grad sind keine Seltenheit und an der Küste kommt eine unerträglich hohe Luftfeuchtigkeit dazu. Das war schon mal das erste Problem, das wir unterschätzt hatten.

Das zweite Problem war Wanda. Klingt hart, war aber so. Von einem Tag auf den anderen schien sich unser liebes, fröhliches Kind in einen Dämon verwandelt zu haben. Es war zum Beispiel nicht mehr möglich, eine Unterhaltung zu führen. Kaum fingen Nora oder ich einen Satz an, plapperte Wanda dazwischen. Eine vollständige Sabotage sämtlicher Kommunikationskanäle. Als ob unser Kind bewusst verhindern wollte, dass wir uns absprechen.

Dazu kam, dass sie mit ihren knapp drei Jahren auf einmal extrem zuwendungsbedürftig wurde. Bis dahin hatte sie sich gut auch mal allein beschäftigen können, aber jetzt waren wir in jedem einzelnen Augenblick gefordert. Es gab keinen Raum mehr für einen ruhigen Gedanken, einen Blick in die Landschaft, eine eigene Identität. Wanda wollte ein Eis. Und noch eins. Oder Videos auf dem Smartphone anschauen. Waren wir einmal so dreist, ihre Forderungen nicht schnurstracks zu erfüllen, flippte sie aus.

Abends, wenn sie endlich im Bett war, saßen Nora und ich manchmal da und konnten uns kaum in die Augen schauen. So tief saß der Schock. Die Fassungslosigkeit darüber, dass sich unser Kind in ein Monster verwandelt hatte.

Natürlich hatten wir Verständnis. Die Fremde, die Hitze, die endlosen Stunden, die wir einfach so in den Tag hineinlebten – Wanda war komplett aus ihrer Komfortzone herausgerissen worden. Sie hatte sich in Berlin gerade erst an ihren Rhythmus gewöhnt. An klare Strukturen, an die Kita, an Mittagsschlaf, Wochenende, Zeiten mit ihrer Mutter, Zeiten mit mir. Und plötzlich gab es nur noch ein großes Durcheinander. Wir hingen jede Sekunde aufeinander, ohne erkennbaren Plan. Wir hätten ihr zuliebe gern alles besser strukturiert, doch wir waren mit der Situation selbst überfordert.

Schließlich kam der Tiefpunkt, es muss zu Beginn der zweiten Woche gewesen sein. Wir waren gerade in Haifa, es herrschte eine Hitze, als wäre man direkt an die Sonne geschmiedet. Wanda saß auf meinen Schultern, wir bestellten uns gerade Falafel an einer Imbissbude. In dem einen Moment war alles in bester Ordnung, im nächsten brach die Hölle los. Ich kann mich noch gut an das Blitzlichtgewitter in meinem Kopf erinnern: das Kind auf den Schultern, an jedem Arm eine Tasche, auf dem Rücken ein Rucksack. Der arabische Verkäufer, der tausend Sachen fragte, während Wanda direkt an meinem Ohr Anweisungen gab: »Ich will einen Strohhalm! Ich will die Brause allein aus dem Kühlschrank holen!« Schließlich besaß ich die Frechheit, einfach so zu bezahlen. »Ich will bezahlen! Papa, ich wollte bezahlen! Hast du bezahlt? ABER ICH WOLLTE BEZAHLEN!«

In ihrer Wut schlug sie mir mit beiden Fäusten mitten auf die Fontanelle. Der Schmerz und die Demütigung schossen mir wie Pfeile durchs Hirn. Ich packte Wanda und stellte sie auf die Straße. Die Hitze, das Geschrei, die glotzenden Araber. Ich erinnere mich nicht, wie wir zurück in unsere Unterkunft kamen. Auf jeden Fall flossen an diesem Tag auch Tränen auf Elternseite. Wir saßen ratlos zusammen im Bett und wussten nicht, wie es weitergehen sollte.

Dieser Tag war eine Zäsur. Vielleicht realisierte Wanda durch unseren Zusammenbruch, dass wir genauso verletzlich waren wie sie. Jedenfalls wurde es besser. Wir gewöhnten uns an den Reisezustand, fanden unseren Rhythmus. Strandtage für Wanda wechselten sich ab mit Städtetrips für uns selbst, manchmal unternahmen wir etwas getrennt voneinander. An jedem Abend besprachen wir, was am nächsten Morgen passieren würde. Denn das hatten wir begriffen: Wanda muss wissen, was auf sie zukommt (da ist sie ihrem Vater übrigens sehr ähnlich. Ein Grund mehr, Rücksicht zu nehmen). Auf die Art wurden die verbliebenen dreieinhalb Wochen in Israel ein gelungener Urlaub, an den wir uns immer noch gern erinnern.

REISEN MIT KIND – JA ODER NEIN?

Das letzte Kapitel könnte die eine oder andere Frage aufwerfen, die ich schon als Reaktion auf meine Kolumnen des Öfteren gestellt bekam: »Müsst ihr eurem Kind unbedingt eine so anstrengende Reise zumuten? Hättet ihr nicht ein Ziel wählen können, das näher liegt, zum Beispiel das Sauerland? War das nicht ziemlich egoistisch von euch, sagt doch mal ehrlich?«

Ich gebe gern zu: Wer beim Reisen in seiner Komfortzone bleibt, hat keine unerwarteten Komplikationen zu fürchten. Der Kontrollverlust bei einer Fahrt ins Sauerland dürfte minimal sein. Ich möchte aber auch eine Gegenfrage stellen: Wer bitte in aller Welt will denn freiwillig ins Sauerland fahren, nach Sylt, auf einen Zeltplatz nach Holland? Ich jedenfalls nicht! Ich habe es gern etwas aufregender. Und ich sehe nicht ein, warum wir zur Langeweile verdammt sein sollten, nur weil es da irgendwann mal den Entschluss gab, Nachwuchs zu zeugen. Ein Kind ist doch keine Mauer, die man um seine Persönlichkeit baut. Mit der man sich freiwillig einsperrt. Im Gegenteil, es sollte den Blick öffnen für all die Wunder, die in der Welt auf uns warten.

Interessant ist auch die grundsätzliche Frage, ob man mit einem kleinen Kind fliegen sollte. Da zeigen sich Parallelen zum Thema Restaurantbesuch. Auf einmal sind alle Experten, bevorzugt Leute, die selbst keine Kinder haben. Sie werfen einem vor, dass Fliegen für Kleinkinder superunangenehm sei, weil das Innenohr den Druckausgleich noch nicht hinbekommt. Auf der anderen Seite beschweren sie sich über die Lärmbelästigung, wenn die gerade vermeintlich in Schutz genommenen Kinder es wagen zu schreien. Einmal kommentierte eine Leserin unter meiner Kolumne: »Ist ja okay, wenn ihr reisen wollt, aber dann solltet ihr keine Kinder kriegen.«

Ich kann dazu im Grunde nur sagen, dass die Freiheit zu reisen ein hart erkämpftes Menschenrecht ist. Gerade erst mussten wir in mehreren Lockdowns erfahren, wie schnell es damit vorbei sein kann. Man sollte also reisen, solange es geht, und sich dabei nicht von den fehlgeleiteten Animositäten irgendwelcher Spießer belästigen lassen. *Howgh* – ich habe gesprochen.

TAUSCHE MARKUSPLATZ GEGEN »TROPICAL ISLANDS«

Nachdem ich dieses Kapitel mit dem selbstherrlichen Statement begonnen habe, niemals meinem Kind zuliebe in ein deprimierendes Ressort zu reisen, kommt hier nun die erschreckende Wahrheit: Ich war schon zweimal mit Wanda im »Tropical Islands«. Es fing damit an, dass sie mit ihrer Mutter ein Werbeplakat entdeckte, auf dem Rutschen und Palmen zu sehen waren. Sie verkündete, dass sie dort unheimlich gerne mal hinfahren würde. Und Nora, die sich immer ins Fäustchen lacht, wenn sie mich mal aus meinem Trott reißen kann, meinte süffisant: »Frag doch mal deinen Papa, der hat bestimmt total Lust, mit dir da hinzufahren.« Und Wanda fragte mich.

Vielleicht zur Erklärung für Menschen, die nicht aus Berlin oder Brandenburg kommen: Das »Tropical Islands« ist ein gigantisches Freizeitbad in einem ehemaligen Zeppelin-Hangar im Spreewald.

Man kann dort für Tagesausflüge hinfahren, aber auch in einem Zelt oder Bungalow an künstlichen Lagunen übernachten. Es ist ein wunderbar exotisches Plätzchen. Man begegnet fremdartigen Wesen, die sich im märkischen Dialekt oder mithilfe von Grunzlauten verständigen, und erlebt ein buntes Panorama an Kriegsbemalungen und Körperschmuck.

Wanda gegenüber lasse ich mir natürlich nicht anmerken, wie sehr ich an diesem Ort leide. Das wäre gemein und inkonsequent. Immerhin fahre ich ihr zuliebe dorthin, da wäre es ziemlich dämlich, ihr den Spaß zu verderben. Als Kind wäre ich vom »Tropical Islands« bestimmt genauso begeistert gewesen wie Wanda. Leider bin ich kein Kind mehr. Während wir dann also stundenlang toben und rutschen, mache ich gute Miene zum bösen Spiel.

Wer nun aber glaubt, das glückselige Strahlen meiner Tochter sei Belohnung genug, der ist schief gewickelt. Da muss sie schon ein bisschen mehr drauflegen. Es ist wie in einer Beziehung: Von Kompromissen hat keiner was. Aber Deals können helfen. Wenn Wanda also drängelt, dass sie mal wieder in den verflixten Hangar will, verlange ich als Gegenleistung, dass sie mich nach Venedig begleiten muss. Selbstverständlich unter der Bedingung, dass ich sie nicht von einem Museum ins andere schleife. Seit Israel weiß ich schließlich, dass alle Interessen berücksichtigt werden müssen.

In Venedig richten wir es also folgendermaßen ein: ein bisschen Programm für mich, ein bisschen Programm für sie. Wir spazieren die meisten Wege, wenn wir müde sind, nehmen wir ein Vaporetto. Dafür dass ich mir Tizians »Assunta« in der wunderschönen Kirche Santa Maria Gloriosa dei Frari anschauen darf, radeln wir im Anschluss mit einer gemieteten Rikscha über den Lido. Für jedes Schleckeis darf ich eine meiner langweiligen Anekdoten erzählen, die ich bei GEO Epoche gelernt habe.

Auf die Art haben wir schon einige Orte entdeckt. Wir sind nicht immer ein Herz und eine Seele, oft genug gehen wir uns gegenseitig auf den Zünder. Aber alles in allem werden wir als Team immer besser. Was ich gerade letzten Sommer feststellen durfte, als wir in

Neapel waren. Ich würde uns inzwischen durchaus als Italien-Liebhaber bezeichnen. Doch Neapel ist mit dem Rest des Landes nicht vergleichbar. Einer dieser Orte, an den man sich nicht ohne ortskundige Begleitung begeben sollte. Ein schmutziger, stickiger Ort. Das Gelsenkirchen des Mittelmeers, Italiens Antwort auf die Slums von Kalkutta. Wanda und ich mochten Neapel nicht. Und hatten darüber hinaus noch Pech, weil einige bereits gebuchte Aktivitäten nicht stattfinden konnten. Früher wäre das eine mittlere Katastrophe gewesen. Ich hätte keine Ahnung gehabt, wie ich einen derart misslungenen Trip retten sollte. Doch inzwischen hatten wir so viele schöne gemeinsame Erfahrungen geteilt, dass Wanda ganz nüchtern meinte: »Beim nächsten Mal wird's bestimmt wieder schön. Oder, Papa?« Worauf wir uns einträchtig in unserer klimatisierten Unterkunft verkrochen, auf dem Handy lustige YouTube-Videos anschauten und auf den Rückflug warteten.

TOP 5 DER BASICS FÜR EINEN GELUNGENEN
URLAUB MIT KIND

1. **Einen Museumsbesuch genießt du erst dann richtig, wenn du auf der Suche nach einem Kind in einem blauen T-Shirt durch sämtliche Räume rennst.**
2. **Deine Schultern halten 16 kg auf 16 km aus.**
3. **Du liebst es, immerzu Feuchttücher mit dir herumzutragen, um an der Brut herumzuwischen.**
4. **Du willst dich in der Fremde nicht umschauen, keine spektakulären Ausblicke genießen, weil du lieber nach unten siehst und etwas erklärst.**
5. **Erholung ist sowieso nicht so dein Ding.**

andere eltern

Andere Eltern sind wie andere Hundebesitzer. Nur weil man sich ein ähnliches Kleinteil wie sie angeschafft hat, glauben sie, dass sie einen vollquatschen müssen. Warum kriegt man dieses zusätzliche Handicap auferlegt, wsich mit anderen Eltern über die Kinder austauschen zu müssen?

Meine Freundin, meine Lektorin und noch ein paar andere feinfühlige Menschen sagen mir: Du hast es gar nicht nötig, andere Eltern zu bashen, um cool zu wirken. Dagegen kann ich nichts einwenden, außer: Ich schimpfe nun mal gern. Wem das zu anstrengend ist, lege ich nahe, dieses Kapitel einfach zu überblättern. Ich werde hier nicht mehr und nicht weniger tun, als den sprichwörtlichen Fisch in der Tonne abzuschießen. Das ist nicht ehrenwert, vielleicht nicht mal sympathisch. Aber vielleicht erfreut es Menschen, die eine ebenso schwarze Seele haben wie ich.

Andere Eltern sind wie andere Hundebesitzer. Nur weil man sich ein ähnliches Kleinteil wie sie angeschafft hat, glauben sie, dass sie einen vollquatschen müssen:»Wie alt? Junge oder Mädchen? Ah ja, ist noch 'ne ganz Kleine, das sieht man an den Füßen. Meiner ist schon etwas älter. Nein, nein, der macht nix, der schnuppert nur.«

Was ich bei all dem nicht verstehe, ist: Mit einem oder gar mehreren Kindern ist man doch gestraft genug! Warum kriegt man dann zusätzlich dieses Handicap auferlegt, sich mit anderen Eltern über die Kinder austauschen zu müssen? Und wird als schlecht gelaunter Stoffel abgestempelt, wenn man sich dem entzieht?

Ich bin sehr bedacht auf meine Privatsphäre. Vielleicht könnte man mich sogar als Misanthropen bezeichnen. Dass ich die Fremdbestimmung durch ein Kind auf mich genommen habe, wäre eigentlich schon Anlass genug, mir einen hochdotierten Preis zuzuerkennen. Finde ich jedenfalls. Dass er mir nicht verliehen wird, nehme ich dem Schicksal nicht übel. Aber es sollte wenigstens Konsens darüber bestehen, dass ich so zurückgezogen leben darf, wie ich möchte.

Die anderen Eltern sehen das anders, schon immer. Selbst als Wanda noch in Noras Bauch war, wurden wir bereits kritisch beäugt. Damals lebten wir noch in einer Einzimmerwohnung im Bötzow-Kiez, dem teuersten Teil von Prenzlauer Berg. Mit vierundzwanzig und neunundzwanzig lagen wir als Eltern weit unterm dortigen Altersdurchschnitt, und das ließ man uns spüren. So nach dem Motto:»Die sind ja mutig, sich so früh ein Kind zuzutrauen. Wenn das mal nicht ins Auge geht.«

Wir waren uns einig, dass wir in dieser Welt kein Kind aufziehen wollen. Also zogen wir weg aus dem Kiez der reich gewordenen Kleinstädter und suchten uns eine Wohnung im Wedding. In unserer Nachbarschaft waren wir die einzigen Deutschen, was ich sehr angenehm fand. Die türkischen und arabischen Mütter kümmerten sich nämlich ausschließlich um ihren eigenen Kram. Gott schütze sie.

Dummerweise hatte die Liga der Verzauberten auch in unserem Brennpunktbezirk längst ihre Brückenköpfe errichtet. Ich kam also nicht drum herum, auf dem Spielplatz Konversationen wie diese mit anhören zu müssen.

»Na, ist eure Maus wieder gesund?«

»Wird langsam wieder. Und bei euch? Wie war das Kürbisfest?«

»Voll schön. Der Oskar war als Eichel verkleidet. Gell, Oskar? Apropos, wir haben noch total viele Stoffreste übrig. Falls ihr auch ein Kostüm basteln wollt.«

Manche bringt das vielleicht zum Lachen. Die haben die Fähigkeit, selbst dem größten Elend eine komische Seite abzugewinnen. Ich gehöre nicht dazu. Von diesen Orten des Grauens konnte ich zwar mit Wanda fliehen. Doch dann kam die Kita, und damit saß ich in der Falle. Jetzt hatten unsere Kinder wirklich etwas gemeinsam, nämlich den Arbeitsplatz. Beim Abholen, wenn ich in der überheizten Kitagarderobe vor Wanda kniete, um ihr die Schuhe zu binden, und mir sowieso schon der Angstschweiß in die Arschritze rann, standen die anderen Eltern plötzlich hinter mir, beispielsweise in Form einer schwindsüchtigen Mutter, und fragten:

»Habt ihr vielleicht Lust, noch eine Runde mit dem Möbius und mir auf den Spielplatz zu gehen?«

»Geht's noch?«, hätte ich gerne gerufen. »Ich kenne Sie nicht! Sprechen Sie auf der Straße auch irgendwelche Fremden an und wollen mit denen auf den Spielplatz gehen? Sind Sie verrückt?«

Das sagte ich natürlich nicht. Weil ich genau wusste, dass MEIN Verhalten dann als merkwürdig gegolten hätte. Soweit hatte ich das Spiel schon durchschaut. Ich rettete mich also in irgendwelche Aus-

flüchte. Etwas Unverfängliches wie:»Tut mir leid, wir müssen leider zum Hautarzt, ich habe eine hartnäckige Geschlechtskrankheit.«
Ich meine, was hätten wir Eltern denn auf dem Spielplatz gemacht, während unsere Gören im Sand gewühlt hätten? Uns unterhalten? Worüber? Ich gehe doch auch nicht mit jedem Bartträger ein Bier trinken, nur weil ich zufällig selbst einen Bart trage. Mag sein, dass manche Menschen wesentlich kommunikativer und kontaktfreudiger sind als ich. Auch in der Berliner U-Bahn trifft man sehr viele davon. Mit Schaum vorm Mund und irrem Blick stürzen sie sich auf alles, was nicht bei drei auf den Bäumen ist. Wem das behagt, nur zu. Ich suche mir meine Gegenüber lieber allein aus.

Versteht sich von selbst, dass diese Einstellung bei den Kitaeltern nicht gut ankam. Wie einige andere Dinge (dazu kommen wir noch). Mit jeder Abfuhr, die sie von mir erhielten, wurden ihre Gesichter länger und gekränkter. Tagtäglich begegnete ich enttäuschten Blicken. Ich hielt ihnen stand. Und war immer ausgesucht höflich. Womit ich meiner Meinung nach eine bewundernswerte Kompromissbereitschaft an den Tag legte. Wo bleibt der hochdotierte Preis?

WER ANDEREN EIN GLASHAUS GRÄBT

Das Hauptproblem mit anderen Eltern ist, dass man sich ständig mit ihnen vergleicht. Und dass sie sich im Gegenzug mit einem selbst vergleichen und dabei ihre Meinungen und Vorstellungen mitteilen müssen. Würde stattdessen jeder sein eigenes Ding machen, ohne diese ständige Kreuzkontamination, es wäre allen geholfen.

Mich selbst schließe ich von dieser Problematik mal wieder nicht aus. Sonst dürfte ich dieses Buch nicht schreiben. Ich bin genauso schlimm wie alle anderen. Asche auf mein Haupt. Zwar weiß ich meistens nicht, was ich tue, aber im Vergleich zu den anderen halte ich mich für den besten Papa der Welt.

Denn ja, ich gebe es zu, ich beobachte gern andere Eltern, mitunter bereitet mir das eine diebische Freude. Irgendwie muss man sich die Zeit auf dem Spielplatz schließlich erträglich machen. Wie gesagt, wem das alles zu gehässig ist, der möge zum nächsten Kapitel blättern. Wer dagegen den Reiz an der Schadenfreude zu schätzen weiß, wer sich nicht schämt, beim Anblick von *Epic Fails* zu kichern, dem empfehle ich Folgendes: Geht mal zur Feierabendzeit, also gegen siebzehn Uhr, auf einen beliebigen Spielplatz in Berlin-Mitte oder Prenzlauer Berg (beziehungsweise in die hippen Stadtteiläquivalente von Hamburg, München, Köln oder Wien). Mit ziemlicher Sicherheit werdet ihr dort eine besonders drollige Daddy-Gattung erspähen.

Früher war es üblich, dass der Vater arbeiten ging und die Mutter zu Hause bei den Kindern blieb. Heute ist das in gut situierten Familien immer noch üblich, allerdings weiß man inzwischen dank des Internets, dass das eigentlich nicht okay ist. Die betroffenen Väter haben deshalb ein schlechtes Gewissen und kompensieren es, indem sie nach Feierabend zähneknirschend noch eine Stunde Quality Time mit dem Nachwuchs verbringen. In Hemd und Sportsakko werfen sie ein paar Bälle mit dem Sohnemann, selbstverständlich betont kumpelhaft. Manchmal steigt sogar ein anderer Feierabend-Daddy mit Kind in das Match ein und dann verausgaben sich alle so richtig und klopfen sich gegenseitig auf die Schultern. Es ist zum Schießen.

Trotz dieser öffentlichkeitswirksamen Inszenierung fällt nicht selten auf, wie linkisch, um nicht zu sagen fremd der Umgang zwischen Vater und Sohn wirkt. Als wären die beiden lose Bekannte, die sich mal eben auf einer Vernissage begegnet sind. Küsschen links, Küsschen rechts, dann steht man da und weiß nicht, worüber man reden soll. Das kommt vermutlich daher, dass die beiden sich nur in dieser einen Stunde am Tag sehen (und vielleicht noch einmal im Jahr beim gemeinsamen Skiurlaub). Vielleicht merkt der Sohn aber auch, dass sein Vater alle zwei Minuten das Smartphone checkt und die Minuten wesentlich sinnvoller im Büro hätte verbringen können.

All das sehe ich, wenn ich auf diesen Spielplätzen sitze. Gut möglich, dass meine Fantasie dabei allzu wilde Blüten treibt und ich da viel zu viel hineininterpretiere. Ich verurteile es auch nicht, ich staune nur, was Menschen aus ihrem Leben machen. Statt einfach keine Kinder zu kriegen, statt sich voll und ganz ihrem Traum von Arbeit und Geld zu widmen, kriegen sie Kinder und können dann nichts mit ihnen anfangen. Wäre das Leben eine Mahlzeit, müsste man sagen: Da waren die Augen größer als der Magen.

Wer nun fragen will: Und was ist mit dir? Wieso sitzt du auf dem Spielplatz und beobachtest andere Väter, statt dich mit deiner Tochter zu beschäftigen? Dem sage ich ohne Scham: Spielplätze sind dafür da, dass Eltern sich mal kurz entspannen können, nachdem sie sich den ganzen Tag mit ihren Kindern beschäftigt haben. Krampfhaft in der Öffentlichkeit an seinem Kind zu kleben, sich zu der Lächerlichkeit zu versteigen, gemeinsam ein Klettergerüst zu erklimmen, ist meist ein Zeichen dafür, dass irgendeine Form von Vernachlässigung kompensiert werden muss. Stopft euch das in die Pfeife! Und weiter geht die Lästerparade.

Es sind nämlich nicht nur die überfürsorglichen Eltern, die einem boshaften Menschen wie mir den Tag versüßen können. Dusseligkeit kommt in allen Formen und Farben daher, so was kann man sich gar nicht ausdenken. Besonders schön anzuschauen sind zum Beispiel die Samstagnachmittagsgelage auf dem berühmt-berüchtigten Kollwitzplatz. Der dortige Wochenmarkt hält etliche Stände mit Alkoholausschank bereit. Was dazu führt, dass die elterlichen Helikopter im Verlauf der Stunden ziemlich ins Trudeln geraten.

Morgens um zehn sind sie noch sauertöpfisch und seriös. Wie soll man sich auch fühlen als reiches, zusammengewürfeltes Pärchen aus dem beschaulichen Südwesten des Landes, wenn man sich stocknüchtern in die Augen schauen muss? Das möchte man nicht, das führt nur zu Verbitterung. Mit dem Nachwuchs, der zu allem Überfluss noch am Rockzipfel hängt, wird deshalb ungeduldig bis drakonisch umgesprungen.

»Also Caspar, wenn der Crêpe mit Maronencreme 3,30 Euro kostet und du dem Mann fünf Euro gibst, wie viel kriegst du dann zurück?«
Und Caspar, ungefähr dreijährig, mehr Schläfer als Wunderkind:»Ähhm ... zwei Euro?«
»Nein, Caspar, denk bitte nach. Also, du kriegst zwei Euro minus dreißig Cent zurück. Wie viel ist das?«
»Ähm, drei Euro?«
Woraufhin der jugendlich gekleidete grauhaarige Vater dem armen Kind den Schein aus der Hand reißt, nicht ohne vorher seiner ebenso junggebliebenen Frau einen vernichtenden Blick zuzuwerfen. Sie hassen sich. Beide waren mal so idealistisch. Wo ist er nur hin, der fröhlich-freche Esprit, mit dem sie früher auf dem Cannstatter Wasen herumgegrölt haben? Ganz einfach: Er ist auf dem Boden der Flasche geblieben. Denn kaum haben sie sich ein paar Gläser Pinot blanc hinter die Binde gekippt (Mosel, südliche Steillage), steigen sie auf wie der Phönix aus der Asche. Dann stehen sie in Grüppchen mit Gleichgesinnten beisammen, plaudern über unverfängliche Themen wie den Erwerb ihrer vierten Eigentumswohnung und fühlen sich einfach sauwohl. Dass ihre Gören sich derweil auf dem Klettergerüst gegenseitig den Schädel einschlagen, könnte ihnen nicht gleichgültiger sein. Aus oben wird unten, aus Schwarz wird Weiß.

Gerade diese Beobachtung sollte deutlich machen, dass ich mich nicht aus dem Kreis der *Epic Fails* ausschließe. Mit Sicherheit haben sich andere Eltern schon oft über mich lustig gemacht, wenn sie dabei zusehen mussten, wie ich angetrunken auf dem Spielplatz herumgekrochen bin und meine Schlüssel gesucht habe. Es fällt einem viel leichter, die Fehler bei anderen zu erkennen als bei sich selbst.

WER HAT ANGST VOR COOLEN ELTERN?

Irgendwie kommt dieses Kapitel nicht so in Fahrt, wie ich dachte. Es sollte eine Abrechnung werden mit all den Fatzkes, die mir seit Wandas Geburt das Leben verleidet haben. Vielleicht bin ich nach acht Jahren als Vater einfach so müde und ausgelaugt, dass mein Biss flöten ging. Sollte ich etwa versöhnlich werden? Das wäre ja schrecklich! Wo doch täglich Dinge geschehen, die mir die Adern am Hals anschwellen lassen. Nervige, abgründige, unvorstellbare Dinge.

Wer kennt zum Beispiel nicht die folgende Situation: Man ist mit seinem Kind bei einer Feier im Freundeskreis. Sagen wir, das Kind ist wie in meinem Fall ein Mädchen. Nun stelle man sich noch die Situation vor, dass ein gleichaltriger Junge in diesem Freundeskreis anwesend ist. Die beiden Kinder spielen zusammen, flitzen vergnügt durch die Gegend, als Elternteil ist man hochfroh, dass sie sich so selbstständig miteinander beschäftigen. Leider kommt dann irgendein Vollpfosten daher und ruft: »Aww, kuckt euch das an! Wie süüüüß! Ich hör schon die Hochzeitsglocken, hihihi. Hey, ihr Turteltauben, schaut mal her in die Kamera. Das zeigen wir euch dann in zwanzig Jahren noch mal!«

Mein Tipp dazu: lieber einfach mal nonchalant die Fresse halten. Man muss die Kinder nicht zum frühestmöglichen Zeitpunkt aus ihrem unschuldigen, unprätentiösen, asexuellen Paradieszustand reißen. Denn natürlich merken sie in so einem Moment, dass alle wegen ihnen aus dem Häuschen geraten. Kinder lieben die Inszenierung. Rampensäue, der ganze Verein. Aber vielleicht sind sie noch viel glücklicher, wenn man sie einfach in Ruhe spielen lässt, statt sie in eine Seifenopernhandlung zu pressen.

Ha, das war doch ganz gut. Das bringt mich direkt in Stimmung, über den Endgegner unter den anderen Eltern zu sprechen. Kann sein, dass dieser für viele weit weniger bedrohlich wirkt als für mich. Doch wie bereits erwähnt, bin ich ein kontaktscheues Pflänzchen. Das zudem mit einem riesigen Batzen an Vorurteilen beladen ist. Es war deshalb ein schlimmer Schock zu erfahren, dass es andere Eltern gibt, die cool sind. Ganz normale Menschen, die kein Ding an der Waffel haben. Kaum zu glauben, ich weiß.

Die Einsicht kam mit Wandas Entwicklung. Als ganz junges Ding, also mit drei oder vier, spielte sie am liebsten für sich allein. Auf dem Spielplatz, bei Kindergeburtstagen, wo auch immer. Ich förderte diese Haltung, aus ganz egoistischen Gründen. Nie im Leben wäre ich auf die Idee gekommen zu sagen: Spiel doch mal mit den anderen Kindern. Weil ich so meinen eigenen Gedanken nachhängen konnte, statt mit der Brut von fremden Leuten *socializen* zu müssen.

Leider wurde Wanda älter. Und kontaktfreudiger. Plötzlich dauerte es nur noch drei Minuten, da hatte sie in jedem beliebigen Umfeld eine neue Freundin gefunden. Was meist dazu führte, dass ich mich in irgendeiner Form mit deren Eltern austauschen musste. Das ging mir gegen den Strich, aber so richtig. Doch meinem Kind zuliebe ließ ich es mit mir geschehen. Eine erpresserische Situation!

Inzwischen will sie fast wöchentlich irgendeine Freundin treffen. Eine Freundin aus der Schule, eine Freundin aus ihrer ehemaligen Kita, eine Freundin, die sie im Urlaub kennengelernt hat, weeß icke. Oftmals übernachtet sie dort. Was für mich logischerweise heißt, sie abliefern und später wieder abholen zu müssen. Situationen, die ich gern husch, husch an der Türschwelle abwickeln würde. Dazu wäre es freilich erforderlich, dass das Kind fertig verpackt und verschnürt an der Türschwelle wartet. Jedes Mal hoffe ich darauf, bitte meine persönlichen Götter auf den Knien darum, doch ich löse die Sache mal an dieser Stelle kurz auf: Das Kind steht NIE fertig gepackt und verschnürt an der Tür. Nie! Es will immer noch spielen, nur fünf Minuten, und dann noch mal fünf Minuten. Das Biest.

Mich bringt das in die prekäre Lage, dass ich ständig mit fremden Menschen (meist Müttern) am Küchentisch sitze und eine Tasse Kaffee oder Tee trinken muss. Das Einzige, was uns verbindet, ist die Freundschaft unserer Kinder. Und das Schockierende: Diese Mütter und Väter sind meistens völlig in Ordnung. Was soll ich davon nun halten? Ich meine, wenn sie wenigstens Deppen wären. Dann könnte ich über sie schreiben und rummosern.

So aber sitze ich vor ihnen und staune Klötze, wie normal sie sind. Mehr noch: Sie reden oft gar nicht über die Kinder, scheinen selbst mit den Gedanken woanders zu sein. Genauso wie ich. Damit kann ich nicht umgehen. Beim besten Willen. Da sind mir die Prenzlberger Feierabend-Daddys viel lieber. Über die kann ich mich erheben und spotten. Wenn sie nur mal kurz aufblicken würden von ihren *Conference Calls*, diese HR-Manager und Personal-Branding-Coaches, könnten sie ein dankbares Blitzen in meine Augen erkennen. Zumal ihre öde Aura meist dafür sorgt, dass meine Tochter sich niemals mit ihrem Kind anfreunden würde.

TOP 5 DER GELEGENHEITEN, DAS KIND ALS AUSREDE ZU BENUTZEN

1. **Ach, sorry, wir müssen das Übernachtungsdate leider absagen. Meine Tochter ist total verschnupft.**
2. **Ich kann nicht zur Arbeit kommen heute, mein Kind hat die ganze Nacht gekotzt.**
3. **Sehr geehrte Damen und Herren, aufgrund einer plötzlich auftretenden Kinderkrankheit war ich leider nicht in der Lage, die Steuererklärung rechtzeitig einzureichen.**
4. **Hey, meine Lieben. Hab mich total auf den Laternenumzug mit euch gefreut, aber die Kleine ist total geschafft und schon eingeschlafen.**
5. **Kann leider niemandem meine Zeit widmen heute. Mein Kind ist mir wichtiger.**

die hölle des kleinen mannes

Die Kita war mein Fegefeuer, mein persönliches Guantánamo Bay. Sie machte mich schließlich so kirre, dass ich mich in meiner Kopflosigkeit sogar zum Elternvertreter wählen ließ.

Wenden wir uns nun wieder ganz seriös einem Thema zu, das bereits mehrfach angeschnitten wurde: In der Frühphase des Elterndaseins besteht die Herausforderung einzig und allein darin, mit dem Kind klarzukommen. Dieser Prozess findet im kleinen Rahmen statt. Natürlich gibt es immer neunmalkluge Verwandte und Freunde, die einem in den Kram quatschen wollen, doch dem kann man sich meist irgendwie entziehen.

Wenn man dann allerdings notdürftig gelernt hat, die Regungen des Kindes zu deuten, wenn es einem wieder gelingt, eine provisorische Form von Alltag zu etablieren, kommt, ZACK, das Schicksal daher und mischt die Karten neu. Manchmal passiert es früher, manchmal später. Bei uns war es so weit, als Wanda zwei Jahre alt wurde: Sie kam in die Kita (bei mir hieß das früher Kindergarten, aber bleiben wir mal bei diesem hübschen Begriff).

Bis dahin hatten Nora und ich die Betreuung unseres Kindes komplett unter uns aufgeteilt. Das war okay, aber manchmal auch anstrengend. Deshalb kamen wir auf die abstruse Idee, mit der Kita würde eine gewisse Entlastung auf uns zukommen. Immerhin sollte Wanda nach der Eingewöhnung den halben Tag dort verbringen. Ich weiß rückblickend nicht mehr, wie wir dermaßen blauäugig sein konnten. Denn mit der Kitazeit ging der Terror erst richtig los. Kleine Kostprobe? Bitte sehr:

»Vielleicht wäre es schön, wenn sich jetzt alle noch mal gemeinsam Gedanken darüber machen, wie wir das Kürbisfest dieses Jahr aufregender gestalten können?«

»Ja, also der Ossiander ist ja letztes Jahr als Radieschen gegangen, und das hat sich dann ein bisschen mit Majas Rettichkostüm überschnitten. Deshalb haben wir uns gefragt, ob es nicht besser wäre, wenn die Eltern sich wegen der Verkleidung in Zukunft absprechen, um solche Dopplungen zu vermeiden. Ist doch sonst schade.«

Es dauerte zwei Minuten, bis ich an meinem ersten Elternabend bereute, im Vorfeld nicht noch mehr Alkohol getrunken zu haben. Zuerst dachte ich, die erlauben sich einen Scherz. Erzieherinnen und alteingesessene Eltern mussten diese Gesprächsrunde als überspitzten Sketch vorbereitet haben, um uns Neuankömmlingen den Einstieg zu erleichtern. Doch dann sah ich den Ernst in den Gesichtern. Die unbedingte Entschlossenheit, diese Sache jetzt zu aller Zufriedenheit zu klären, und wenn es die ganze Nacht dauern sollte.

Ich ging aus dieser Begegnung als anderer Mensch hervor. Als gebrochener Mensch, könnte man sagen. Denn mir war schlagartig klar geworden, dass ich solchen Bullshit nicht nur für die nächsten drei Jahre, sondern vermutlich noch während Wandas gesamter Schulzeit über mich ergehen lassen musste. *16 years a slave*. Diese Pille galt es erst mal zu schlucken. Und es wurde nicht besser. Denn nicht nur die Elternabende und Monatsversammlungen und gemeinsamen Frühjahrsputz-Tees machten mich fertig, sondern jeder einzelne Tag. Ich entwickelte eine regelrechte Phobie davor, Wanda abzuholen.

»Ähm ... hast du kurz Zeit?«, kroch die fein näselnde Stimme der Erzieherin in mein Ohr, kaum hatte ich den Laden betreten.

»Ja klar«, entgegnete ich und knetete den Stressball in meiner Jackentasche.

»Es ist nämlich was passiert.«

»Oh, Gott. Was Schlimmes?«, rief ich, mein Puls fing an zu rasen. Erst nach einer bedeutungsvollen Pause fuhr die Erzieherin fort.

»Na ja, also Wanda hat sich beim Waschen ein bisschen nass gemacht. Und dabei haben wir leider gemerkt, dass sie gar nichts zum Wechseln dabei hatte.«

»Ah, okay«, keuchte ich, mein Nervenfieber sank wieder auf sein übliches Level. »Ich bring dann morgen neue Wechselklamotten mit.«

»Alles klar. Denkst du bitte auch dran, euch für das Frühlingsfest einzutragen? Und nächste Woche verabschieden wir Viola. Die Mama von Bjarne hat in ihrem Fach eine Sammelkasse vorbereitet, falls du was dazugeben willst.«

Im Grunde hätte ich jeden Nachmittag eine neue To-do-Liste anfertigen können. Stattdessen schrieb ich ein Mantra auf, um den Blick auf das Wesentliche nicht zu verlieren. Dieses Mantra lautete: Kitas sind Erziehungseinrichtungen für die frühkindliche Bildung. Sie sind keine Plattform für profilierungssüchtige Eltern. Elternabende sollen so kurz wie möglich dauern. Man stellt auf gar keinen Fall Zwischenfragen. Man darf Erzieherinnen merkwürdig finden, aber man muss sie ihre Arbeit tun lassen. Damit erweist man ihnen Respekt, und auch der Selbstständigkeit des eigenen Kindes. Eltern sollen entlastet und nicht belastet werden. *Namaste, bitches!*

Versteht sich von selbst, dass ich meine Psychohygiene damit nur teilweise retten konnte. Denn die Realität strafte meine Worte andauernd Lügen. Die Kita blieb mein Fegefeuer, mein ganz persönliches Guantánamo Bay. Sie machte mich schließlich so kirre, dass ich mich in meiner Kopflosigkeit sogar zum Elternvertreter wählen ließ.

KITAPLATZ ZU VERSCHENKEN

Mit der Kita erhält die Öffentlichkeit endgültig Einzug in die Privatsphäre der Eltern. Fortan ist man keine Person mehr, sondern »der Papa von«. Beziehungsweise »die Mama von«. Man muss aufpassen, was man in der Gegenwart des Kindes tut oder sagt, weil in der Kita alles ungefiltert weitererzählt wird. Harmlose Kommentare, hingestreut in den eigenen vier Wänden, können dort schnell für einen ausgewachsenen Konflikt sorgen. Nach dem Motto: »Mein Papa hat aber gesagt, dass Erzieherinnen oft Quatsch erzählen.«

Das Absurde an der ganzen Misere ist, wie viel Energie und Hoffnung man als Eltern aufwendet, um sie herbeizuführen. Um unter dem Kitaterror leiden zu dürfen, muss man nämlich erst mal einen Kitaplatz kriegen. Was oft gar nicht so leicht, manchmal sogar fast unmöglich ist. Das mag zwar jetzt wieder ein großstadtspezifisches Problem sein, doch ich möchte trotzdem kurz darauf eingehen.

In Berlin hört man andauernd davon. Die Panikmache ist nicht auszuhalten. Gut möglich, dass das Kind noch gar nicht geboren ist. Dass es noch nicht mal gezeugt wurde. Ja, vielleicht hat man noch nicht mal den Partner gefunden, mit dem man sich Kinder vorstellen kann – man wird trotzdem schon gedrängt: »Kümmert euch frühzeitig um einen Kitaplatz.« Kein Scheiß, ich glaube, manche Paare verzichten nur deshalb auf Nachwuchs, weil sie Angst haben, an dieser Mammutaufgabe zu zerbrechen. Das Grauen vor Bewerbungsgesprächen und Castingrunden treibt sie ins ewige Junggesellendasein.

Nora und ich hatten Glück. Soweit man in diesem Zusammenhang von Glück sprechen kann. Wir suchten uns eine kleine, integrative Kita im Kiez aus und bekamen prompt eine Zusage. Wahrscheinlich, weil sie auch ein deutsches Kind brauchten, um noch als integrativ zu gelten. Kleiner Scherz! Außer Wanda gab es noch zwei, drei weitere deutschsprachige Kinder, in einer Gruppe von etwa fünfzehn. Als wir eineinhalb Jahre später die Kita wechseln mussten (aus Gründen, auf die ich noch zu sprechen komme), fanden wir ebenso mühelos einen neuen Platz. Gut möglich, dass andere Eltern da ganz anderes erleben. Als einzig echte Unannehmlichkeit ist mir nur die Panikmache im Gedächtnis geblieben.

Schließlich ist er da, der Moment, in dem man aufatmen könnte. Wieder eine von den Aufgaben geschafft, die das Leben mit Kind einem pausenlos vor den Latz knallt. Haken dran, und weiter geht's, denkt man sich. Bis einem klar wird, dass man im Grunde nur die Büchse der Pandora geöffnet hat. Tag für Tag darf man nun in der Kita antanzen, fängt sich fiese Viren ein und muss sich von aufsässigen Erzieherinnen herumschubsen lassen.

Erzieherinnen (und Erzieher, auch wenn ich so was noch nie gesehen habe) sind die verzaubertsten Wesen auf dem Erdenrund. Im Vergleich dazu sind Einhörner so was wie Steuerberater. Vor ihrer Arbeit kann man nur Respekt haben. Es gibt kaum eine wichtigere, ehrenhafte Tätigkeit. Wer dafür das passende Nervenkostüm trägt, dem kann man aus Dankbarkeit einiges durchgehen lassen. Und das muss man, bei Gott, das muss man. Denn neben ihrer Engelsgeduld und ihren Erziehungskünsten scheinen sie sämtliche anderen Fähigkeiten im Leben verloren zu haben.

Ich kann mich noch gut an die handwerklichen Aufgaben erinnern, die sie mir in verhuschter Hilflosigkeit übertrugen. Wenn sie sich überhaupt zu fragen trauten. Einmal brannte eine Glühbirne im Garderobenraum durch. Drei Tage später war es immer noch finster. Ich fragte also, ob ich sie austauschen sollte (keine Ahnung, welcher Teufel mich da geritten hat). Sie schauten mich an wie einen vom Himmel herabgestiegenen Bodhisattva.

»Oh, echt? Könntest du das machen?«

»Klar, ich gehe nur schnell eine Glühbirne besorgen.«

»Nein, nein!«, riefen sie. »Haben wir alles hier. Und im Kinderklo steht die Leiter.«

Menschen, die noch nie mit Erzieherinnen in Berührung gekommen sind, würden an dieser Stelle möglicherweise fragen: Ihr habt eine neue Glühbirne? Ihr habt eine Leiter? Wo ist das Problem? Typischer Anfängerfehler! Denn so sind sie nun mal. Einfach nicht von dieser Welt. Atemlos und händeringend schauten sie dabei zu, wie ich zur Decke stieg und ein unergründliches Zauberwerk vollbrachte. Einerseits ist das beinahe süß, andererseits recht beunruhigend. Immerhin vertraut man ihnen seine Kinder an.

Ein anderer Moment fällt mir ein, der mich in noch größeres Erstaunen versetzte. Er hängt mit einer biblischen Plage zusammen, die man ebenfalls erst so richtig durch die Kita zu schätzen lernt: Ohrwürmer von debilen Kinderliedern. Eines war besonders penetrant, Wanda musste es für einen gemeinsamen Ausflug auswendig lernen. Es reichte, wenn sie nur eine einzige Zeile anstimmte – der Albtraum nistete sich für den Rest des Tages in meinem Hirn ein. Die Erzieherinnen hatten dafür Melodie und Textbausteine eines Liedes verwendet, das sie den Kindern bereits früher beigebracht hatten (und es wäre damals schon Anlass für ein Hassverbrechen gewesen).

»Muss es unbedingt sein, dass ihr mit den Kindern schon wieder das Kuschelbären-Lied singt?«, fragte Nora darum halb scherzhaft beim Elternabend. Die Erzieherinnen wirkten zuerst irritiert, man konnte sehen, wie die Zahnräder knirschten. Dann, endlich, fiel es ihnen wie Schuppen von den Augen:»Ach, jetzt wird uns einiges klar! Deshalb haben die Kinder das diesmal so schnell gelernt.«

»Was meint ihr?«, fragte ich.

»Na ja, wir haben uns schon gewundert, dass sie die Melodie so gut kannten.«

Sie hatten schlicht und einfach vergessen, dass sie fünf Monate zuvor GENAU DAS GLEICHE Lied einstudiert hatten. Einfach vergessen! Also wenn es noch einen Beweis gebraucht hätte, dass diese Art von Musik das Gehirn schädigt, sollte er damit erbracht sein.

Die Marotten der Erzieherinnen mögen verblüffend sein, sie verblassen jedoch vor einer viel schwerwiegenderen Kuriosität: dass man sein Kind mit Beginn der Kitazeit einfach so in fremde Hände gibt. Insbesondere als kontrollsüchtiger Mensch wie ich. Jahrelang hütet man das Kind wie seinen Augapfel, jeder Furz, der sich nicht genauso anhört wie die Fürze davor, bereitet einem Sorgen. Und dann liefert man das Kostbarste, das man hat, für den halben Tag irgendwo ab. Rational gesehen mag das unbedenklich erscheinen. Es ist sogar notwendig, schließlich muss man den Nachwuchs Stück für Stück in die Unabhängigkeit entlassen. Man muss lernen, dem pädagogischen Personal in seiner Expertise zu vertrauen. Und trotzdem finde ich es unbegreiflich.

Das wurde mir vor allem einmal bewusst, als ich durch Zufall in der Nähe der Kita zu tun hatte. Zu einer Zeit, als Wanda mit ihrer Gruppe auf dem Spielplatz war. Ich wollte mal schauen, aus reiner Neugier, blieb dabei allerdings außer Sichtweise, um nicht zu irritieren. Stichpunkt Respekt vor der Arbeit der Erzieherinnen. Und wie ich sie da so sah, in ihrem Bewusstsein, dass weder ich noch ihre Mutter in der Nähe sind, dieser kleine Mensch im riesigen, gnadenlosen Kosmos, hätte ich mir am liebsten das Herz aus der Brust gerissen. Was ich damit nur sagen will: Es ist nicht leicht, eine Kita-routine zu finden. War es für mich jedenfalls nie.

A NIGHTMARE CALLED ELTERNABEND

Manchmal kommt es mir vor, als wäre die Entscheidung, ein Kind zu kriegen, eine Erbsünde, für die man bis in alle Zeiten lang bluten muss. Oder ein Statement dafür, dass man am gesellschaftlichen Leben teilnehmen will. Ich wäre von mir aus nie auf die Idee gekommen, mich mit anderen Eltern und Erzieherinnen auf winzigen Stühlen im Kreis anzuordnen. Aber weil ich die Unverfrorenheit besessen habe, Vater zu werden, war ich plötzlich dazu verpflichtet. Dieses archaische Ritual nennt sich Elternversammlung. Ein schamloser Euphemismus. Treffender wäre »Waterboarding im Trockenen«. Man kauert verkrümmt auf diesen albernen Kindermöbeln, die Thrombosen lassen die Kniescheiben kribbeln. Der Schweiß läuft einem in Strömen, weil die Kita IMMER überheizt und Lüften offensichtlich verboten ist. Eine Erzieherin liest von einer mit Filzstift handgeschriebenen Agenda ab. Und verstellt dabei ihre Stimme, als hätte sie Helium geschluckt.

»Nur eine kleine Sache noch ... danach können die Eltern gehen, die davon nicht betroffen sind ...«

So wird jeder neue Themenblock eingeleitet, doch für keines der anwesenden Elternteile sind diese Worte Anlass, erleichtert aufzuatmen (außer natürlich für die Eltern, deren Hobby es ist, so viele Zwischenfragen wie möglich zu stellen). Man weiß, dass diese Ansage ein mieser Trick ist. Die Waffe, die einem abfällig vor die Füße geworfen wird, damit man sich den Weg freischießen kann. Doch allen Anwesenden ist völlig klar, dass im Busch der Vietcong lauert, um einen beim ersten Zucken über den Haufen zu ballern.

Kitaversammlungen sind eine kollektive Strafe. Ein Beckett'scher Albtraum, dessen Sinnlosigkeit sich alle Anwesenden bewusst sind. Aber es gibt dagegen kein Mittel. Ironischerweise sind sie sogar irgendwann vorbei. Aber erst dann, wenn ein wichtiger Teil der eigenen Seele für immer verloren und verbrannt ist.

Ich saß bei diesen Anlässen immer halb besinnungslos auf meinem Stühlchen. Die affektierten Stimmen, die Hitze, die unerträgliche Langeweile vernebelten mir den Verstand. Nur so kann ich mir jedenfalls erklären, warum ich eines Tages einen so entscheidenden Fehler beging: Ich ließ mich zum Elternvertreter wählen.

Dieser Posten bedeutete in unserer Kita eigentlich nur, dass ich pro Jahr an zwei zusätzlichen Vereinstreffen teilnehmen und irgendwelche Dinge mit meiner Unterschrift absegnen musste. Und ich erklärte mich auch nur zur Übernahme des Postens bereit, weil mir das endlose Herumgedrucke der anderen Eltern so auf den Keks ging. Ich wollte einfach nach Hause, also schlug ich mit der Faust auf den Tisch und rief:»Na, zum Deibel! Dann mach ich es eben!«

Letzten Endes war es dieser Schritt, der dazu führte, dass wir eine neue Kita für Wanda suchen mussten. Zumindest gab er den Ausschlag. Die folgende Anekdote mag sehr speziell sein, ich bezweifle auch ihren pädagogischen Gehalt. Für jemanden, der kein Schriftsteller ist und nicht einen Großteil seines Privatlebens in der Öffentlichkeit breitlatscht, ist sie wahrscheinlich nur bedingt nachvollziehbar. Aber ich glaube, sie ist unterhaltsam. *Here we go.*

DAS TRIBUNAL DER ELTERN

Eines Tages will ich Wanda aus der Kita abholen. Eine Erzieherin versperrt mir den Weg, ihr Gesicht drückt höchste Besorgnis aus.

»Hast du mal kurz fünf Minuten?«, fragt sie. »Ich würde gern was mit dir besprechen.«

»Klar«, sage ich und folge ihr in den hinteren Raum, wo ich auf einem Hocker Platz nehme, der nur knapp an meinen Fußknöchel heranreicht. Dabei spiele ich die möglichen Szenarien durch. Halte es für am wahrscheinlichsten, dass sie mich wegen der Vernachlässigung meiner Pflichten als Elternvertreter rügen will.

Doch es kommt anders.

»Wir verfolgen ja schon eine Weile deine Kolumne«, sagt sie und wartet dann bedeutungsvoll auf meine Reaktion.

»Cool«, sage ich.

»Ja, hm. Ich weiß nicht genau. Man erkennt sich da ja schon irgendwie wieder. Und fühlt sich dann ein bisschen verschaukelt. Jetzt hat das Thema auch bei den anderen Eltern die Runde gemacht. Und manche waren ein bisschen beunruhigt deswegen.«

»Ach so?«

»Da geht es ja manchmal um Drogen ... und Alkohol ... Ich wurde deshalb schon ein paarmal angesprochen und weiß gar nicht, was ich dann sagen soll. Deshalb habe ich mir überlegt, dass wir vielleicht einen Elternabend einberufen könnten, wo du Stellung zu der Sache beziehst.«

»Ja, gern. Jeder mag Elternabende. Sagst du mir nur noch kurz, warum es mich interessieren sollte, was die anderen von meiner Kolumne halten?«

Diese Frage hat sie nicht kommen sehen. Vor allem kann sie den Konfrontationskurs nicht mit meinem väterlichen Lächeln in Einklang bringen.

»Es geht auch darum, dass du Elternvertreter bist«, sagt sie. »Das passt für manche nicht so zusammen.«

»Und warum spricht mich niemand darauf an?«, frage ich.

»Manchen ist das halt unangenehm.«

»Und in der großen Runde ist es angenehmer?«

Die Erzieherin hebt verzweifelt die Arme. Sie tut mir leid. Ich weiß, wie es ist, zwischen den Fronten zu stehen. Deshalb stimme ich zu, vor dem Tribunal der Eltern zu erscheinen. Auch weil ich denke, dass ich darüber bestimmt eine Kolumne schreiben kann.

Wanda erwartet mich im Flur. Auch einige Eltern sind anwesend und blicken mir in stummer Empörung entgegen. Keiner sagt einen Ton. Ich schaue freundlich, weiß jedoch, dass das nichts bringt. Sie projizieren so viele Ängste auf mich, dass selbst mein strahlendstes Lächeln bedrohlich wirken würde.

»Papa, gehen wir noch auf den Spielplatz?«

»Klar«, sage ich. »Aber nicht hier, oder?«

»Doch, bitte!«

»Also gut.«

Während ich ihr die Schuhe binde, bringt die Erzieherin einen Aushang im Flur an. Mit buntem Filzstift hat sie geschrieben: »Am Donnerstag findet eine Gesprächsrunde zum Thema ›Die Kita Blubberlutsch bei Mit Vergnügen‹ statt. Bei Bedarf können die Kinder in dieser Zeit noch betreut werden. Euer Blubberlutsch-Team.«

Draußen setze ich mich mit Wanda neben das Klettergerüst, um eine Sandburg zu bauen. Es dauert nicht lang, da betritt die Clique der anderen Eltern den Ring. Sie stehen beisammen und tuscheln. Endlich rafft sich die Mutter auf, die ich für die Rädelsführerin halte, und kommt herüber. Sie geht vor uns in die Hocke.

»Hey, Wanda«, sagt sie zuckersüß. »Na, backt ihr Sandkuchen?« Dann legt sie ihre Stirn in Falten und schaut mich an.

»Du hast gar nicht erzählt, dass du Schriftsteller bist.«

»Stimmt«, sage ich.

Die anderen Eltern stehen klagend im Hintergrund, wie der Chor in einer griechischen Tragödie.

»Ich wollte nur wissen«, sagt sie. »Wenn wir uns am Donnerstag zusammensetzen, wirst du das auch in deiner Kolumne erwähnen?«

Ich zucke diplomatisch mit den Schultern.

»Benehmt euch halt, dann muss ich auch nicht über euch schreiben.«

Zwei Tage später ist es dann endlich so weit. Ich nehme mit sechs anderen Elternpaaren am großen Basteltisch Platz. Die Kinder spielen im Nebenzimmer, fechten mit riesigen Schwimmnudeln Duelle aus. Bis zuletzt habe ich dem Termin gelassen entgegengesehen. Doch dann hat Nora sich spontan angekündigt. Und sie ist auf Krawall gebürstet.

»Warum lässt du dich auf dieses Treffen überhaupt ein?«, hat sie im Vorfeld gefragt.

»Weil ich Content für die Kolumne brauche.«

»Wenn die irgendwie blöd zu dir sind, raste ich aus.«

So sehr mir ihre Loyalität schmeichelt, fürchte ich die Eskalation.

Nachdem die Erzieherin die Runde eröffnet hat, übergibt sie das Wort an mich. Fünfzehn Augenpaare ruhen auf mir. Ich versuche, die Stimmung mit einem Scherz aufzulockern: »Hallo, mein Name ist Clint und ich bin Alkoholiker.«

Nora sitzt im Hintergrund, ich kann sehen, wie sie sich das Lachen verkneifen muss. Alle anderen Gesichter erstarren zu frostigen Masken.

»Okay«, sage ich. »Was wollt ihr wissen?«

Eine Mutter mit wässrigem Blick beugt sich vor: »Wir haben uns gefragt, ob das alles autobiografisch ist. Wenn du zum Beispiel schreibst, dass du betrunken beim Elternabend warst?«

»Nein, nein. Manche Sachen entschärfe ich auch ein bisschen.«

»Kannst du verstehen, dass wir da besorgt sind?«

»Habt ihr denn damals bemerkt, dass ich betrunken war?« Sie schüttelt den Kopf. »Dann verstehe ich nicht, wo das Problem ist.«

Natürlich könnte ich ihr die Wahrheit sagen. Aber man muss ja nicht vor jedem Kritiker einknicken. Die Erzieherin versucht zu vermitteln.

»Es geht vor allem darum, dass du Elternvertreter bist. Und sich manche nun fragen, ob du den Job auch ernst nimmst.«

»Was gibt es denn daran ernst zu nehmen?«, frage ich und merke, dass ich damit erst recht ins Fettnäpfchen trete.

»Das ist schon ein wichtiger Posten!«

»Du bist ja auch Ansprechpartner für uns andere Eltern!«, mischt einer der Väter sich ein. »Und dafür kommst du mir ziemlich zugeknöpft vor.«

»Ja, genau«, bestätigt die Mutter mit den wässrigen Augen. Sie wirkt, als könnte sie jeden Moment zu heulen anfangen. »Du schaust immer so grimmig, dass ich mich fast nicht traue, Hallo zu sagen.«

»Ist das dein Ernst?«, frage ich. »Sind wir hier im Kindergarten, oder was?«

Diesmal versucht Nora gar nicht erst, ihr Lachen zu verbergen. Die Mutter wirbelt verärgert zu ihr herum.

»Okay«, sage ich versöhnlich. »Keine Ahnung, warum ich das extra betonen muss, aber ich hege keinen Groll gegen euch.«

»Keinen Groll?«

»Nein. Ihr seid mir halt einfach egal. Also, ich meine, das ist doch nicht schlimm. Ihr seid ja auch allen anderen egal. Versteht ihr, was ich meine?«

Anscheinend nicht.

Es dauert eine Weile, ehe die Erzieherin wieder für Ruhe gesorgt hat. Sie will wissen, ob ich gern Elternvertreter bin.

»Natürlich nicht«, sage ich. »Vielleicht könnt ihr euch noch erinnern, dass ich das nur deswegen mache, weil sonst keiner wollte.«

Erst jetzt begreifen sie, welch mächtigen Trumpf sie mir in die Hand gespielt haben.

»Ich will auf keinen Fall, dass sich irgendwer übergangen fühlt«, sage ich. »Deshalb bin ich gerne bereit, den Posten abzugeben. Möchte jemand von euch?«

Auf einmal wird es sehr still am Basteltisch. Alle blicken betreten zu Boden. Ich schaue zu Nora, die immer noch lachen muss. Sieht so aus, als könnte es eine Weile dauern, bis wieder weißer Rauch aus dem Schornstein der Kita aufsteigt.

DER ERNST DES LEBENS

Es nahm natürlich kein gutes Ende mit den anderen Eltern in der Kita. Nachdem sie erst einmal Lunte gerochen hatten, durchstöberten sie das gesamte Internet nach meinen Ergüssen und fanden entsprechend viel Kontroverses. Die einberufenen Gespräche häuften sich, am Ende stellten die Erzieherinnen mich vor ein Ultimatum: Entweder ich würde aufhören, die Kita in meinen Texten zu erwähnen, oder sie könnten Wanda nicht länger betreuen. Versteht sich von selbst, dass ich niemals Namen genannt hatte und die Anekdoten so weit verfälschte, dass alle Beteiligten anonym blieben.

Obwohl ich wusste, dass ich mir kein Arbeitsverbot auferlegen lassen durfte, kamen mir Zweifel. Immerhin ging es in der Hauptsache nicht um mich, sondern um Wanda. Sie hatten mich bei den Eiern. Ich wurde erpresst mit meinem eigenen Kind. Glücklicherweise stand Nora bedingungslos hinter mir und zog ihre Konsequenzen. Wir taten das einzig Vernünftige und kündigten unseren Kitaplatz (wir hatten bereits einen neuen, bei dem ich den Ball flacher hielt).

Ein gutes Jahr zog ohne größere Zwischenfälle ins Land. Wanda fand neue Freundinnen, pflegte aber auch ihre Freundschaften aus der alten Kita. Sie wurde fünf Jahre alt, dann fünfeinhalb. Ich war mal wieder kurz davor zu entspannen. Ein kleines Durchatmen im Existenzkampf als Vater. Doch leider, *surprise, surprise*, tauchte das nächste Ding am Horizont auf. Da Wanda im Herbst geboren ist, stand sie auf der Abschussliste der Kinder, die eingeschult werden können, noch bevor sie das sechste Lebensjahr erreicht haben. Es galt wieder mal, eine Entscheidung zu treffen.

Im Grunde war die Sache für mich immer vollkommen klar gewesen. Zumindest als ich selbst noch kein Kind hatte. Wenn andere Eltern meine Meinung zum Thema »Einschulung« wissen wollten, bestärkte ich sie stets darin, ihr Kind so lange wie möglich aus der Mühle fernzuhalten. Daran änderte sich auch mit Wandas Geburt nichts. Allerdings hatte ich keine Ahnung, auf welche Widerstände man stößt, wenn man sein Kind von der Einschulung zurückstellen will.

Solange man kein Verbrechen begeht, ist es der Welt vollkommen wurscht, wie man über die Runden kommt. Als Einzelkämpfer ist mir das durchaus recht. Dass dann aber plötzlich irgend so ein Schulamt zu stressen anfängt und einem sagen will, was man zu tun hat, ist doch äußerst merkwürdig. So als würde man während eines monatelangen Blackouts eine Zahlungserinnerung der GEZ erhalten. Als könnte es ihnen auf einmal nicht schnell genug gehen. Sie geierten richtig nach meinem Kind. Werden in den Manufakturen und Eisenhütten so dringend Arbeitskräfte gebraucht?

Wanda selbst war natürlich begierig darauf, in die Schule zu gehen. Sie wusste eben nicht, was ihr blühte, und wollte zu den Großen gehören, wie jedes Kind. Hinzu kam eine romantische Vorstellung von Schule, die man ihr nicht austreiben konnte (und wollte). Doch allein die Tatsache, dass sie nach einem sechsstündigen Kitatag vollkommen geplättet nach Hause kam, zeigte uns, dass sie noch gar nicht die nötige Konstitution für die Schule hatte. Dazu kam ihre praktisch nicht vorhandene Frustrationstoleranz. Halleluja! Wenn mal irgendwas schiefging, egal ob beim Malen oder Duplo-Bauen, sah keiner die Sonne. Dass sie stur behauptete, schon lesen und schreiben zu können, bewies außerdem, wie wenig bereit sie war, diese Dinge von der Pike auf zu lernen. Und das musste sie ja auch noch nicht. Ihr kleiner Körper war mit Wachsen beschäftigt und gerade dabei, mit den zweiten Zähnen die härteste Substanz seiner Dienstzeit zu erzeugen. Ich sagte mir: Lass das Kind spielen, solange es will. Die Realität wird Wanda noch früh genug einholen.

Mir ist diese Eile, wenn es um die Eingliederung der Kinder in die Leistungsgesellschaft geht, äußerst suspekt. War sie schon immer. Aus dem Grund wiederholte ich freiwillig die 11. Klasse, machte nach dem Abitur gerne Zivildienst. Weil mir das zwei zusätzliche Jahre gab zu überlegen, was ich anfangen wollte mit meinem Leben. Dass der Zivildienst abgeschafft wurde, dass Schulämter den Kindern nachstellen wie der Teufel der armen Seele, halte ich für das falsche Signal. Als ob es im Leben nur darauf ankäme, als sinnlos schuftender Heinzelmann seinen Beitrag zu leisten.

Nora und ich wollten, dass Wanda die nötigen Abwehrkräfte besitzt, wenn sie schon *another brick in the wall* werden sollte. Und wir fanden eine Lösung. Denn es gibt in Berlin eine Schule, die eine Elementarklasse anbietet, eine Art spielerisches Vorschuljahr, das aber bereits in der Einrichtung stattfindet, in der das Kind später seinen Abschluss machen kann. Wanda konnte sich als richtige Schülerin fühlen, war aber dennoch behütet und konnte spielen.

Es war nicht leicht, einen Platz zu kriegen, und es brachte uns abschätzige Blicke von bornierten Schulamtschranzen ein, aber wir zogen es durch.

Der erste Corona-Lockdown mit seinen Schulschließungen machte uns dann zwar weitgehend einen Strich durch die Rechnung. Trotzdem musste Wanda erst in die 1. Klasse, als sie knapp sieben und bereit dafür war. Auch wenn ich mich bekanntlich nicht gern als Ratgeber aufspiele, will ich an dieser Stelle klar sagen: Die Eltern sind diejenigen, die am besten wissen, was gut für ihre Kinder ist. Nicht das Schulamt. Das Schulamt soll mal schön die Füße still halten.

Wanda geht inzwischen sehr gern in die Schule. Weil sie gut mitkommt und nicht überfordert ist. So und nicht anders sollte es sein.

die liebe und das kind

Elternschaft und Sinnlichkeit zu vermischen, kann irritieren. Das Kind hat alle mütterlichen Geschlechtsmerkmale pragmatisiert, um nicht zu sagen: zweckentfremdet. Man muss sich erst mühsam daran erinnern, dass die verschiedenen erogenen Zonen nicht nur zum Gebären und Säugen da sind.

Dass dieses Thema noch ausstand, war vermutlich klar. Böse Zungen könnten freilich einwenden: Was willst du Clown denn hier über Partnerschaft mit Kind verzapfen, wo du den Karren doch selbst an die Wand gefahren hast? Stimmt, muss ich einräumen, und das ohne Scham und Not. Ich habe schon etliche Karren an noch mehr Wände gefahren. Aber ich bin immer noch da und muss damit klarkommen.

Was soll ich denn tun? Den Kopf in ein Astloch stecken und warten, dass der Blitz einschlägt? Das wäre weit weniger unterhaltsam, als es klingt. Außerdem hilft es vielleicht dem einen oder der anderen, sich an meinen Fehlern ein abschreckendes Beispiel zu nehmen.

Solange Nora und ich noch zusammen waren, habe ich großspurig herumgetönt, wie eine Beziehung mit Kind auszusehen hat. Beziehungspflege kam darin eher nicht vor. Ich wollte zum Beispiel nichts davon hören, sich als Eltern auch mal eine Auszeit vom eigenen Kind zu nehmen, indem man es bei Verwandten parkt und dann ein romantisches Wochenende zu zweit verbringt.

Einerseits tönte ich lautstark herum, dass man sich als Paar um sich selbst kümmern muss und am Abend nicht anfangen sollte, gemeinsam ein Tiermobile für das Kind zu basteln. Andererseits war ich der Meinung, Zitat: »Aber ich will mein Kind halt nicht weggeben. Keine Ahnung, wie das anderen Eltern geht, aber ich mag meine Tochter. Ich kann mich auch in ihrer Anwesenheit sehr gut entspannen. Und ich erlebe gern alles mit ihr zusammen. Außerdem ist das Kind noch nicht mal drei und sowieso schon den halben Tag ohne uns in der Kita.«

Ein ehrenhafter Ansatz, fürwahr. Ein paar Monate später waren Nora und ich getrennt. Heute bin ich zwar nicht schlauer als damals, aber ab und an habe ich mich durchaus gefragt: Hätten wir vielleicht doch mal die althergebrachte Tradition des Delegierens pflegen und uns um unsere Beziehung kümmern sollen? Hatten die anderen mit ihren abgedroschenen Weisheiten womöglich recht?

Ich glaube nicht. Denn das hieße ja letzten Endes, dass Wanda uns durch ihre Anwesenheit auseinandergebracht hätte. Klar gab es anstrengende Momente, vor allem in der Zeit, als das Kind nicht ertragen konnte, wenn wir uns unterhielten. Aber das waren die üblichen Schwierigkeiten, mit denen alle Eltern zu kämpfen haben. Die Trennung hatte andere Gründe, die ich hier ausnahmsweise nicht breitlatschen möchte. Es sei nur so viel gesagt: Nora und ich funktionieren als Team noch besser, seit wir nicht mehr zusammen sind.

Meine wertvollen Erfahrungen gründen sich also eher darauf, wie man eine Trennung mit Kind auf die Reihe kriegt. Ohne das gute Porzellan zu zerschlagen. Ich kann ein Lied davon singen, wie es ist, sich als Single-Vater auf dem Dating-Markt anzubieten. Und welche Hürden man nehmen muss, wenn man dem Kind eine neue Partnerin vorstellen möchte. Das meiste davon habe ich auf die harte Tour gelernt, für den einen oder anderen Lacher sollte also gesorgt sein.

DIE TRENNUNG IST NUR EIN NEUES KAPITEL

Ich muss kurz überlegen, wie ich am besten anfange, ohne allzu zynisch zu klingen. Natürlich ist es schön, wenn die Eltern zusammenbleiben und eine intakte Liebesbeziehung führen. Das war auch mein Wunsch, solange es möglich schien. Als die Trennung kam, war ich zuerst am Boden zerstört, kann aber auch mit Fug und Recht behaupten, dass eine einvernehmliche Trennung kein Drama sein muss. Auf jeden Fall ist sie eine bessere Lösung, als unglücklich zusammenzubleiben. Auch und vor allem für das Kind.

Bei Nora und mir kam der Moment der Wahrheit nach der Israel-Reise. Wir fragten uns all die Fragen, die man sich hier und da stellen sollte. Wollten wir noch ein zweites Kind? Wollten wir weiter so leben wie bisher? Wollten wir überhaupt noch zusammen sein? Die Antwort war schmerzlich, aber eindeutig: nein, wollten wir nicht.

Zum Glück kamen wir gemeinsam zu diesem Schluss. Denn natürlich stellte sich dadurch die Frage: Was ist mit Wanda? Wie sollten wir ihr beibringen, dass Mama und Papa sich zwar noch lieb hatten, aber na ja, eben nicht mehr so richtig? Und wie sollten wir von nun an den Alltag organisieren?

Der erste Entschluss, den wir in diesem Moment fällten, war gleichzeitig der beste: Wir wollten mit niemandem über die Trennung reden, bevor wir alles geregelt hatten. Das mag drastisch klingen, half uns aber dabei, einen kühlen Kopf zu bewahren. Es gab außerdem einen guten Grund für diese Strategie. Denn nicht lange vor unserer eigenen Trennung hatten wir eine schlimme Krise im engsten Freundeskreis miterleben müssen. Vera und Markus waren für uns die wichtigsten Bezugspersonen während der Schwangerschaft gewesen. Seit zwanzig Jahren glücklich zusammen, Eltern von zwei wundervollen Kindern. Vera hatte uns sämtliche Ängste vor der Geburt genommen, indem sie immer wieder das Gleiche betonte: Unser Instinkt würde uns leiten. Wir vergötterten diese Frau. Bis sie uns eines Tages eine SMS schrieb:»Könnt ihr euch bitte um Markus kümmern? Er braucht jetzt seine Freunde.«

Wie sich herausstellte, hatte sie vor den Kindern verkündet, dass sie Markus für einen anderen Mann verlassen würde. Daraus entspann sich ein Drama, das in den folgenden Wochen immer weitere Kreise zog. Weil Vera einfach entschieden hatte, sämtliche Freunde zu involvieren. Letzten Endes blieb sie doch bei ihrer Familie. Aber von unserer Freundschaft blieben nur rauchende Trümmer übrig.

Ein solches Horrorszenario wollten Nora und ich um jeden Preis vermeiden. Wir wollten souverän agieren und unsere Entscheidungen erst dann mit Familie und Freunden teilen, wenn alles geregelt war. Es war zwar abzusehen, dass sich so mancher dadurch vor den Kopf gestoßen fühlen würde, aber in dieser Krise ging es schließlich um uns. Auf die Gefühle von Dritten konnten wir keine Rücksicht nehmen. Während ich also anfing, nach einer Wohnung für mich zu suchen, während wir unsere Sachen aufteilten und gemeinsam alles Nötige für die beiden neuen Haushalte besorgten, hielten wir dicht. Vor der Familie, vor unseren Freunden. Und auch vor Wanda.

Ich fand eine Wohnung in der Nähe der Kita. Dort trafen wir uns dann auch, holten Wanda gemeinsam ab, um sie vorsichtig einzuweihen. Und ihr danach meine Wohnung zu zeigen. Ich war sehr nervös vor diesem Treffen. Überlegte hin und her, wie wir es Wanda so schonend wie möglich beibringen könnten. Schließlich entschied ich mich für Bestechung und kündigte an, dass sie am Abend einen Film schauen durfte. Sie freute sich sehr.

»Aber weißt du, wo wir jetzt vorher hingehen?«, fragte ich.

»Wohin denn?«

»In meine neue Wohnung. Es gibt nämlich ab jetzt eine Papa-Wohnung und eine Mama-Wohnung.«

»Hast du da auch ein Bett?«

»Ja. Und du schläfst dann auch manchmal bei mir. Du hast sogar ein eigenes Zimmer.«

»Und meine Mama?«

»Die bleibt in der alten Wohnung.«

»Gut.«

»Findest du das schön?«

»Ja. Darf ich jetzt einen Film schauen?«

Und damit war das Thema vorerst erledigt. Ich sage ja, in heiklen Situationen: immer Bestechung. Der große Schockmoment blieb dadurch aus. Wanda begriff erst nach und nach, dass sich etwas verändert hatte. An ihrem zweiten Abend bei mir sagte sie:

»Papa, ich bin ein bisschen traurig.«

»Ja? Warum denn?«

»Weil meine Mama in der alten Wohnung ist.«

»Willst du lieber, dass wir alle zusammen schlafen?«

Sie nickte und drückte ihr Gesicht ins Kissen, weil sie natürlich ahnte, dass das nicht mehr passieren würde. Es gab mir einen ziemlichen Stich, sie so zu sehen. Und ich konnte nicht viel dazu sagen. Außer, dass wir sie trotzdem beide noch lieb hatten.

Wir teilten uns die Kinderbetreuung von Anfang an halbwöchentlich. Eine ganze Woche mit Kind am Stück wäre mir zu viel gewesen. Und eine ganze Woche ohne Wanda hätte ich nicht ausgehalten. Alle drei Tage zu tauschen, war daher die beste Lösung. Und erst als wir uns damit gut fühlten, machten wir die Trennung publik. Gerade für unsere Familien war das ein ziemlicher Hammer. Verständlicherweise. Aber genau in der Phase zeigte sich, wie gut es gewesen war, die Sache erst mal für uns zu behalten. Weil Nora und ich nun an einem Strang ziehen konnten. Dadurch dass alles geregelt war und wir die neue Situation zuversichtlich angingen, hatten wir genug Kraft, um unseren Familien Hoffnung zu spenden. Die Hoffnung, dass alles gut gehen würde und wir nicht unglücklich waren. Ich meine, letztendlich bestätigten wir nur den demografischen Trend: Früher hatten die Leute im Durchschnitt vier Kinder. Heute haben die Kinder im Durchschnitt vier Eltern.

SINGLE MIT ALTLASTEN

Nach der Trennung hatte ich nicht nur eine neue Wohnung, sondern ein komplett neues Leben. Zuerst vier Jahre Familie und Monogamie, dann plötzlich für die Hälfte der Woche alleinerziehend – und für die andere Single. Im Kapitel »richtig hart feiern« erwähnte ich bereits, dass kurz darauf eine Frau kam, die mich ins exzessive Berliner Clubleben entführte. Diese Beziehung ging ziemlich schnell in die Brüche, die Flucht nach vorn hatte schlecht funktioniert. Statt mich aber erst mal auf mich selbst zu besinnen, wandte ich mich direkt und zum ersten Mal in meinem Leben den Dating-Apps zu. Dabei machte ich eine Entdeckung, die ich so nicht erwartet hatte.

Natürlich war mir bereits zu Ohren gekommen, wie beschissen sich viele Männer auf diesen Portalen verhalten. Eine datende Freundin hatte mir mal einen Querschnitt durch die Nachrichten gezeigt, die ihr bei Tinder jeden Tag geschickt wurden. Ich war entsetzt und fast beschämt, diesem Geschlecht anzugehören. Eine

Plattform, die eigentlich Lust und Liebe bescheren soll, wird durch solche Viecher restlos vergiftet. Kein Wunder also, dass sich bei vielen Frauen eine defensive bis misstrauische Grundhaltung einstellt. Daraus leitete ich den Gedanken ab, es könnte von Vorteil sein, eine Tochter zu haben. Dass meine Vaterschaft Vertrauen einflößen und mir somit einen Vorteil verschaffen müsste. Wobei sich erst mal die Frage stellte: Wann und wie streue ich überhaupt diese Information? Auf der Suche nach einer Partnerschaft sollte man ein Kind natürlich nicht verheimlichen. Es widerstrebte mir aber, bereits auf meinem Profil darauf hinzuweisen. Weil ich gern zuerst als Mensch und Mann und dann erst als Vater wahrgenommen werden wollte.

Diese Herangehensweise fiel mir ziemlich schnell auf die Füße. Denn wie sich herausstellte, mögen es die Menschen bei Tinder, das Angebot zu ordnen, indem sie schnell und gründlich aussortieren.

»Okay, nimm's mir nicht übel, aber du hättest früher sagen sollen, dass du ein Mann mit Altlasten bist. Bin raus, sry.«

Solche Reaktionen erlebte ich nicht nur einmal. Ich war davon nicht besonders enttäuscht. Wer sich auf den Fleischmarkt begibt, darf nicht zimperlich sein. Außerdem ist »Altlast« ein ziemlich lustiger Spitzname für ein Kind: »Räum endlich dein Zimmer auf, du Altlast!« Kommt immer gut an.

Meine Vaterschaft war also mitnichten ein Türöffner, sondern führte nur zu Problemen. Denn als ich den biestigen Zurechtweisungen Folge leistete und gut sichtbar meine familiären Verhältnisse im Profil dokumentierte, führte das dazu, dass mir nur noch Single-Mütter schrieben. Das war die Zielgruppe, deren Beuteschema ich erfüllte. Da mir mein Doppelleben als Vater und Suchender aber schon kompliziert genug war, wollte ich genauso wenig eine Partnerin mit Altlasten. Eine ausweglose Situation.

Irgendwie gelang es mir trotzdem, das ein oder andere Date klarzumachen. Mit den üblichen Problemen: Die, die man toll findet, wollen nichts von einem wissen. Und bei den anderen muss man der Arsch sein, der Schluss macht, obwohl man nie eine Beziehung hatte.

Um Letzterem zu entgehen, dachte ich einmal, eine besonders schlaue Idee zu haben. Nennen wir die Frau Anja. Sie war mir wirklich sympathisch und meine rudimentär ausgebildete Empathie verriet mir, dass sie eventuell auf mich stehen könnte. Leider funkte es bei mir nicht. Es gelang mir zwar bei unserem Date, mich aus der Affäre zu ziehen, ohne die unangenehme Aufgabe zu erfüllen, ihr einen Korb zu geben. Doch sie wollte mich unbedingt wiedersehen, schrieb mir in den folgenden Tagen mehrmals.

Ich wusste nicht ein noch aus, bis mir der rettende Einfall kam: Warum nicht einfach mein Kind als Cockblocker verwenden? Ich verabredete mich also mit Anja auf einem Spielplatz. Sie wusste aus unseren Gesprächen, dass ich Vater bin. Sie dermaßen früh mit Wanda zu konfrontieren, schien mir trotzdem ein guter Weg zu sein, ihr zu zeigen, dass die Sache für mich eher platonisch war.

»Deine Tochter ist sooo süß«, schrieb sie danach. »Hast du gesehen, dass sie mir zum Abschied eine Kusshand zugeworfen hat?«

Natürlich hatte ich das gesehen. Und mir dabei heftig auf die Unterlippe gebissen. Am liebsten hätte ich mit Wanda geschimpft, weil sie normalerweise nie so zutraulich war.

»Ich weiß, ich sollte das noch nicht schreiben«, schrieb Anja. »Aber das war wirklich besonders für mich. Danke, dass du mir so viel Vertrauen entgegenbringst.«

Yeah! Besser konnte ein Move wohl kaum nach hinten losgehen. Trotzdem halte ich ihn für empfehlenswert. Muss ja nicht jeder so ein Pech haben wie ich.

NIEMAND HAT DIE ABSICHT, SEXUELL TÄTIG ZU WERDEN

Meine Dating-Erfahrungen hielten noch die ein oder andere Unannehmlichkeit für mich bereit. Einmal bestand eine Frau darauf, mich in gewissen verfänglichen Situationen »Daddy« zu nennen. Dieses Pornoklischee hätte ich schon als wilder Mittzwanziger merkwürdig gefunden (auch wenn man als derart junges Ding wohl kaum so genannt wird). Als echter Vater einer Tochter war es für mich allerdings ein absolutes No-Go. Wahrscheinlich bin ich zu prüde.

Allen Widrigkeiten zum Trotz fand ich durch Tinder irgendwann eine Frau, mit der ich mich für zwei, drei Monate recht gut verstand. Uns war beiden klar, dass es in erster Linie um Spaß ging und nicht darum, eine Beziehung aufzubauen. Meine Hoffnung, dass die Dinge dadurch einfacher werden würden, entpuppte sich allerdings als frommer Wunsch. Denn diesmal wollte die Gute, nennen wir sie Melina, nichts mit Wanda zu tun haben. Das mag schockierend klingen. Ich kenne einige Menschen (na ja, sagen wir Mütter), die sich unter solchen Vorzeichen niemals auf eine Affäre einlassen würden. Weil sie dadurch das Gefühl hätten, ihr eigenes Kind zu verleugnen. Ich finde, sie haben recht. Aber in dieser Phase war ich so skrupellos, dass es mir vollkommen wurscht war. Zumal Wanda sowieso die Hälfte der Woche bei ihrer Mutter verbrachte.

Dann kam allerdings der Moment, da Melina und ich uns öfter als nur an meinen kinderfreien Tagen sehen wollten. Den Vorschlag, mich zu besuchen, wenn Wanda im Bett war, nahm Melina zwar an, doch dann lag sie ganz verkrampft neben mir.

»Ich kann nicht, wenn deine Tochter nebenan schläft.«

»Aber sie hört uns doch nicht«, versuchte ich zu beruhigen. »Und wenn sie doch aufwachen sollte, ruft sie mich in der Regel. Sie kommt dann nicht einfach rüber.«

»Nein, das ist mir zu krass.«

Es ist ein Problem, das vermutlich den meisten Paaren begegnet. Die eine Hälfte hat Bock, die andere kann oder möchte nicht abschalten. Wenn man nicht völlig die Kontrolle verliert, kann das Kind zwar sowieso nicht interpretieren, was man da tut, trotzdem führen Hemmungen oft dazu, dass man gar nicht mehr intim wird. Gerade bei jungen Eltern liegt das womöglich daran, dass es irritierend ist, die verschiedenen Bereiche zu vermischen: Elternschaft und Sinnlichkeit. Das Kind hat alle mütterlichen Geschlechtsmerkmale pragmatisiert, um nicht zu sagen: zweckentfremdet. Da bedarf es einer längeren gedanklichen Umstellungsphase, um sich daran zu erinnern, dass die verschiedenen erogenen Zonen nicht nur zum Gebären und Säugen da sind. Andererseits gibt es Tage, an denen das Kind dermaßen anstrengend ist, dass man nichts, überhaupt nichts unternehmen will, was auch nur das kleinste Risiko einer erneuten Schwangerschaft birgt. Es gibt nun mal keine zuverlässigere Verhütungsmethode, als einfach keinen Sex zu haben.

Bei Melina und mir war das natürlich eine andere Sache. Sie konnte grundsätzlich nicht mit Wandas Anwesenheit umgehen und fürchtete sich davor, ihr zu begegnen. Entsprechend schwierig fand sie es, sich zu entspannen. Was mal wieder zeigt, dass es auch für dieses Problem keine goldene Lösung gibt. Man muss einfach abgebrüht sein und hoffen, dass alles gut geht. Entweder das oder man meidet das Risiko – und hat folglich keinen Sex.

Wie bei so vielen anderen Themen muss man sich eben die Frage stellen: Wie viel tue ich für mein Kind und wie viel tue ich für mich selbst? Eine ganz einfache Rechnung.

TOP 5 DER SICHERHEITSVORKEHRUNGEN

1. **Tür abschließen**
2. **Eierschalen oder zerknülltes Papier vor die Tür streuen, um bei Kindannäherung frühzeitig gewarnt zu werden**
3. **Sagen, man hätte nur gekämpft**
4. **Im Wohnzimmer den Fernseher mit einer Kindersendung anstellen, bei der unerwünschte Besucher zwangsläufig hängen bleiben**
5. **Immer zugedeckt bleiben**

ALLEIN SEIN KANN FEIN SEIN

Das Leben findet bekanntlich in Pendelbewegungen statt. Auf das eine Extrem folgt das andere. Zumindest ist das bei mir so. In dem einen Moment will ich für mich sein, im nächsten möchte ich Menschen um mich haben, wonach ich wieder Ruhe brauche. Nach der Trennung genoss ich die turbulente Dating-Phase und konnte nicht genug davon kriegen, eine Frau nach der anderen zu treffen. Wobei keine dieser Bekanntschaften so weit ging, dass es zu einem ernsten Kontakt zwischen den Frauen und meiner Tochter gekommen wäre. Ich war noch nicht bereit, eine neue Person in mein Leben zu lassen. Wirklich bewusst wurde mir das allerdings erst, als das Pendel zurückschwang. Als ich genug davon hatte, herumzuvögeln. Und mich darauf besann, meine Energie auf meine Vaterrolle zu konzentrieren.

Ein Kind, das werden alle feststellen, die einen ähnlich unsteten Lebenswandel wie ich pflegen, ist von den oben genannten Pendelbewegungen ausgenommen. Es gibt keine Phasen, in denen es nicht da ist. Es ist immer da.

Ich bin in diesem Buch nicht müde geworden zu betonen, wie anstrengend diese permanente Anwesenheit werden kann. Dem Kind ist völlig schnuppe, wie sehr man mit sich selbst beschäftigt ist. Es fordert Aufmerksamkeit und mit gutem Recht. Man muss sich am Schlüpfer reißen, die eigenen Probleme zurückstellen und die Verantwortung schultern. Das wusste ich natürlich schon. Neu war allerdings die Erkenntnis, wie heilsam diese Verantwortung sein kann.

Die Trennung hatte Staub aufgewirbelt, der sich lange nicht legte. Ich wusste nicht, wo ich stand, mein verletztes Ego gierte nach Bestätigung. Ich folgte blindlings meiner Sehnsucht nach Nähe, nur um im nächsten Moment festzustellen, dass ich überhaupt nicht bereit war, Nähe zuzulassen.

Das klingt wieder, als würde ich hier einen Ratgeber schreiben. Und jetzt noch zwei oder drei Absätze herumjammern, um dann eine tiefgreifende Erkenntnis zu enthüllen. So ein Bullshit. Es ist selbstverständlich keine Neuigkeit, dass Menschen nach einer Trennung Zeit brauchen, um sich auf eine neue Beziehung einzulassen. Mir lagen damals alle in den Ohren und ich hasste es:»Gib dir doch erst mal Zeit, um wieder zu dir zu kommen! Stürz dich nicht gleich ins nächste Abenteuer!« Ein Freund kommentierte meine Affäre mit der Frau aus der Clubszene sogar mit den Worten:»Ich geb der Sache höchstens drei Monate.« Womit er sogar recht behielt. Trotzdem war ich in dem Moment stinksauer, empfand es als übergriffig, dass er in der Dramaturgie meines Lebens einen solchen Vorausgriff tätigte. Ich wollte mit dem Kopf durch die Wand, wollte es selbst ausprobieren. Das Scheitern ist nun mal eine Konstante in meinem Leben. Eine Konstante, die ich nicht besonders gern habe, die aber zu mir gehört.

Deshalb käme ich niemals auf die Idee, irgendjemanden in seinem Enthusiasmus zu bremsen, und sei dieser auch noch so hirnrissig. Auf die Fresse zu fallen, kann zudem interessante Perspektiven eröffnen. Damit will ich nur sagen, dass ich meine *Try'n'fail*-Phase mitnichten bereue. Weil sie mich zu der Erkenntnis führte (also doch eine Erkenntnis!), dass das Ego keine Bestätigung braucht, wenn man ein guter Vater sein kann. Dass man keine Angst vor der Einsamkeit haben muss, wenn man ein Kind hat. Denn das Kind ist immer da. Wem das zu sehr danach klingt, dass ich mein Kind als Seelentröster brauche, dem sage ich: Ja, stimmt, ist so. Ist schließlich das Mindeste nach all der Zuwendung, dass man von der undankbaren Brut mal ein bisschen Trost gespendet kriegt.

Wandas Anwesenheit gab mir in einer Zeit der heftigsten Turbulenzen meine Seelenruhe zurück. Ich begriff, dass ich Zeit für mich, Zeit für uns beide brauchte. Nicht weil alle Welt mir diese Tatsache vor den Latz knallte, nicht weil die Vernunft es diktierte. Sondern weil es einfach so war. Die Beziehung zwischen uns vertiefte sich in dieser Zeit ungemein. Was sicher auch damit zusammenhing, dass sie älter wurde und man mehr mit ihr unternehmen konnte. Das war für mich freilich kein Ersatz für eine Freundin. Doch ich ertappte mich bei dem revolutionären Gedanken, dass man gar nicht immer eine Freundin haben muss.

TRY AND FAIL AND TRY

Überrascht es irgendjemanden, wenn ich nun erzähle, dass ich genau in dem Moment, da ich sicher war, gut allein sein zu können, eine Frau kennenlernte? Eine Frau, in die ich mich ziemlich verliebte? Vermutlich nicht. Ich weiß nicht, wo ich das mal gelesen habe, aber es gefällt mir sehr:

ME: I'm finally happy.

LIFE: Lol, wait a sec.

So ungefähr muss es jedenfalls zugegangen sein, als plötzlich Laureen vor mir stand. Sie war die erste Frau, die den Wunsch äußerte, mein Kind kennenzulernen. Und die erste Frau, der ich mein Kind vorstellen wollte. Ich tat es, voller Zuversicht, auf volles Risiko. Vorsichtigere Menschen hätten vielleicht noch eine Weile gewartet, wie sich die Sache entwickelt. Schließlich will man seinem Kind nicht alle paar Wochen jemand Neues präsentieren. Ich habe von Single-Eltern mit eisernen Regeln gehört. Die frühestens nach sechs Monaten den Kontakt zu ihrem Kind zulassen, manchmal erst nach einem Jahr.

Ich hielt mich allerdings wieder mal für was Besonderes. Das Glück lacht den Mutigen und so weiter. Tut es auch, nur nicht immer. Nachdem ich sie meiner Tochter als Zukünftige vorgestellt hatte und wir an mehreren Nachmittagen zu dritt unterwegs gewesen waren, verließ Laureen mich von einem Tag auf den anderen für ihren Ex-Freund. Der erste Versuch war gleich ein kolossaler Fehlschlag.

Abgesehen von den üblichen Unannehmlichkeiten wie Liebeskummer etc. kam bei dieser Trennung eine neue Komponente hinzu: Ich schämte mich. Dafür, dass ich so naiv und unvorsichtig gewesen war. Meine Fahrlässigkeit, die beiden bereits nach wenigen Wochen zusammenzubringen, grenzte geradezu an Hybris. Auf Wandas Frage, wann wir Laureen wiedersehen würden, fiel mir in meiner Ratlosigkeit nur eine Lüge ein. Ich behauptete, sie wäre verreist und wüsste nicht, wie lange sie bleiben würde.

Im letzten Kapitel habe ich die neu entstandene Ebene beschrieben, die meine Tochter und ich erreicht hatten. Die gemeinsam verbrachte Zeit war nicht nur tröstend für mich, sondern auch für sie. Wanda genoss es sichtlich, ihren Papa ganz für sich zu haben. Ein Phänomen, das sicher nicht untypisch ist. Und dann, ganz plötzlich, weil mir es gerade so passte, konfrontierte ich sie mit einer Freundin. Das Kind musste sich wohl oder übel damit abfinden, dass eine neue Protagonistin in unserer Seifenoper auftauchte. Und gerade als es versuchte, sich damit abzufinden, war wieder alles beim Alten, waren wir wieder allein. So viel zum Thema Pendelbewegungen!

Ich weiß nicht, wie schwer diese neuen Verwerfungen tatsächlich auf Wandas Seele lasteten. Aber ich machte mir Vorwürfe und hielt mich selbst für unzurechnungsfähig. Ein Zustand, aus dem mir am Ende ausgerechnet Nora heraushalf. Ich erzählte ihr, wie sehr ich mich schämte. Woraufhin sie nur mit den Schultern zuckte und sagte: »Wir wollten Wanda doch immer zeigen, dass wir auch nur Menschen sind, die Fehler machen können. Solange du es ihr erklärst, ist doch alles in Ordnung. Mach dir nicht so 'n Kopp.«

Demütig folgte ich ihrem Ratschlag. Ich erzählte Wanda in groben Zügen, was passiert war. Dass Laureen wieder weg war, weil sie offenbar ihren Ex-Freund noch liebte. Ich erklärte ihr, dass einem solche Sachen in der Liebe immer passieren können. Aber dass man trotzdem nicht die Hoffnung verlieren darf. Keine Ahnung, wie viel davon bei ihr ankam. Aber Nora hatte recht: Wir können nur versuchen, alles richtig zu machen. Und wenn es mal nicht hinhaut, zeigt das am Ende wieder nur, wie menschlich wir sind. Man kann es nicht oft genug sagen.

🗩🗩 KLEINE, FEINE ANEKDOTE

Nachdem ich ein gutes Jahr lang allein geblieben bin, komme ich mit Linda zusammen. Sie wohnt in Wien. Die ersten Treffen zwischen Wanda und ihr finden deshalb per Videocall statt.

»Papa, können wir bald mal zu Linda fliegen?«, drängt mein Kind dann immer öfter. Ich buche Flüge, die Vorfreude wächst. Erst im Taxi vom Wiener Flughafen zu Lindas Wohnung scheint Wanda zu begreifen, dass die Zeit, in der sie mich ganz für sich allein hatte, wieder mal zu Ende geht. Sie kriegt schlechte Laune, kann den Empfindungen in ihr keinen Ausdruck verleihen.

Natürlich blickt auch Linda der ersten Begegnung nervös entgegen. Sie will alles richtig machen. Schon bei der Ankunft wird klar, dass das nicht einfach wird. Statt Linda zu begrüßen, drückt Wanda ihr Gesicht an mein Bein und will sie nicht anschauen.

»Hallo, Wanda«, sagt Linda unbeirrt und geht uns im Garten entgegen. »Willst du mal meine Hunde sehen? Die warten drin schon auf dich.«

Ein einzelnes Auge kommt an meinem Hosenbund zum Vorschein, schielt neugierig in Richtung der Wohnung. Langsam greift Wanda nach Lindas Hand und folgt ihr hinein. Als die Hunde kurz darauf ihr Gesicht abschlecken, lacht sie zum ersten Mal.

»Linda!«, ruft sie. »Ich hab dir was mitgebracht!« Sie bringt ein Konvolut von Bildern zum Vorschein, die sie in den Wochen zuvor gemalt hat. Gemeinsam machen die beiden sich daran, die Kunstwerke auf die Zimmerwände zu verteilen. Nachdem das Eis gebrochen ist, können sie nicht mehr voneinander lassen. Bereits beim ersten Spaziergang greift Wanda nach Lindas Hand, nicht nach meiner.

Und als wir am nächsten Tag zum Prater fahren, ist es Linda, die mit ihr in die Geisterbahn soll. Ich bin vollkommen abgeschrieben. Und wieder mal voller Zuversicht.

mit kind im rampen licht

Wie weit möchte man das eigene Kind in den Fokus der Öffentlichkeit rücken? Und vor allem: Wann will man ein guter Vater sein und wann will man sich nur als guter Vater profilieren? Diese Fragen stelle ich mir recht häufig.

Ich habe sicher schon sehr deutlich gemacht, wie heikel es sein kann, sich mit dem Kind in die Öffentlichkeit zu wagen. Zuerst sind es die anderen Menschen, die einem auf den Sack gehen. Die ohne Vorwarnung zu einem kommen und saudumme Fragen stellen.

»Wie alt ist der Zwerg?«

»Wie bitte?«

»Na, die Kleine? Wie alt?«

Bin ich der Einzige, der das unmöglich findet? Ich stelle mich doch auch nicht neben ein Ehepaar und frage: »Wie alt ist denn die Gattin? Na, die da an Ihrem Arm.« Die würden mir aber was husten. Ich konnte noch nie verstehen, was es einen fremden Mann angeht, wie alt mein Kind ist. Zumal, wenn er selbst nicht größer ist als 1,60.

Durch ein Kind wird man zur Zielscheibe für jeden Spinner, der in der Weltgeschichte herumläuft. Und sobald es selbst in der Lage ist zu sprechen, fragt es prompt und laut vernehmlich solche Sachen wie: »Papa, warum hat die Frau so große Brüste?«

Es ist sehr schwer, mit Kind das Gesicht zu wahren. Weil man, wie ich gezeigt habe, durch den ständigen Austausch mit Zweijährigen schnell selbst zum Zweijährigen wird. Gerade im öffentlichen Raum kann das fatale Folgen haben. Dort kann nämlich jeder sehen, wie man sich zum Affen macht. Man braucht also einen eisernen Willen, um nicht aus dem Leim zu gehen.

Ich schaffte es zum Beispiel früher nur durch äußerste Konzentration, mit meiner Tochter an einem Straßenmusiker vorbeizugehen, ohne mich selbst und die gesamte Schöpfung zu demütigen. Wenn Wanda ein bisschen zuhören wollte, durfte sie das natürlich. Ich blieb dann einfach neben ihr stehen und wartete. Was ich NICHT tat, war, meinen Körper debil in Knien und Hüfte zu wiegen. Ich animierte mein Kind auch nicht, in die Hände zu klatschen. Ich grinste nicht wie ein Geisteskranker, musste weder Wanda noch mir noch sonst irgendwem meine Weltoffenheit demonstrieren, indem ich zeigte, wie toll ich Straßenmusik finde. Eine ähnliche Selbstdisziplin würde ich mir von anderen Eltern wünschen. Dann wäre es nicht so kreuznotpeinlich, durch die reichen Bezirke Berlins zu spazieren.

Öffentlichkeit findet jedoch auf verschiedene Arten statt, nicht nur im *real life*. Ich spreche hier insbesondere von den diversen Social-Media-Plattformen, von Bloggerinnen und Bloggern. Ich spreche von mir selbst als Autor, der pausenlos sein eigenes Leben verwurstet und seine geistigen Ergüsse auf Bühnen vorträgt. Wie weit möchte man das eigene Kind in den Fokus der Öffentlichkeit rücken? Und vor allem: Wann will man ein guter Vater sein und wann will man sich nur als guter Vater profilieren? Diese Fragen stelle ich mir recht häufig. Hier meine Gedanken dazu. Am besten mit Konfekt und einem Glas Schnaps zu genießen.

KINDER MUSS MAN AUSBEUTEN, SOLANGE ES GEHT

Als ich zum ersten Mal bewusst einen Mama-Blog bei Instagram betrachtete, schrieb ich bereits die *Cool trotz Kind*-Kolumne. Ich sah also erst, wie andere mit dem Thema umgehen, als ich selbst bereits zum Club der öffentlichen Eltern gehörte. Und ich war erstaunt. Instinktiv hatte ich mich nämlich dafür entschieden, Wandas Gesicht nicht im Internet zu zeigen. Auch schrieb ich meine Texte so, dass eine gewisse Anonymität gewahrt blieb. Die Geschichten, die ich erzählte, hätten von jedem beliebigen Kind handeln können. Weil Kinder sich eben oft recht ähnlich verhalten. Bilde ich mir zumindest ein.

Auf Instagram kann man sehen, wie manche Eltern täglich Fotos von ihren Babys, Kleinkindern, Kindern posten. Frontal, ohne das Gesicht zu verbergen. Ich frage mich dabei unwillkürlich, warum sich der Beschützerinstinkt da nicht einschaltet. Manchmal rechtfertigen die Social-Media-Eltern sich halbherzig, erklären, dass sie nur unverfängliche Fotos veröffentlichen würden. Niemals kämen sie auf die Idee, ihr Kind beim Scheißen abzulichten oder wenn es sich vollgekotzt hat. Schließlich könnten solche Aufnahmen bei einem späteren Bewerbungsgespräch unvorteilhaft sein.

Aber ist dieses Herzeigen nicht trotzdem irgendwie schamlos? Ich würde meinen Eltern was erzählen, wenn ich beim täglichen Googeln meines Namens auf Babyfotos von mir stoßen würde. Vor allem, und das ist eigentlich das Bedenkliche, erzählen die meisten dieser Blogs oder Insta-Profile nicht den Hauch einer Geschichte. Was das Ganze wenigstens ein bisschen sympathisch machen würde. Stattdessen benutzen diese Super-Daddys und -Muttis ihre Kinder ausschließlich, um sich wichtig zu machen, um ein bisschen Glamour in ihren kleinbürgerlichen Alltag im niedersächsischen Hinterland zu bringen. Oder, noch schlimmer, um gewinnbringend ein Babypflegeprodukt zu bewerben.

Es zeugt natürlich von meinem enorm verzerrten Ego, dass ich mich hier moralisch aufs hohe Ross schwinge. Immerhin hat meine Kolumne dazu geführt, dass mein Kind die Kita wechseln musste. Einen derart drastischen Einschnitt ins Leben des eigenen Kindes kriegen wahrscheinlich nicht mal die krassesten Mama-Blogger hin. Anfängerinnen!

Zu meiner Verteidigung kann ich allerdings vorbringen, dass ich Schriftsteller bin. Das war ich schon lange vor Wandas Geburt, es ist mein Beruf. Und ich schreibe nun mal über alles, was mir passiert. Da haben sich schon ganz andere Leute beschwert als irgendwelche Erzieherinnen oder Personen, die zufällig mit mir verwandt sind.

Je erfolgreicher die Kolumne wurde, desto öfter kriegte ich den Vorwurf zu hören, ich würde Kapital aus meiner Vaterschaft schlagen, ich würde mein Kind ausbeuten. Ich finde diesen Vorwurf absolut berechtigt. Und ich mache auch vor Wanda keinen Hehl daraus. Sie weiß, dass ich über sie schreibe. Als sie mich mit fünf Jahren zum ersten Mal auf eine meiner Lesungen begleitet hat, tat sie das auf eigenen Wunsch. Weil sie mal sehen wollte, was ich da eigentlich tue. Wie das aussieht, wenn ich auf der Bühne stehe, und wie viele Leute zu so einer Veranstaltung kommen.

Während meines Auftritts sah ich sie dann an einem der Tische sitzen, wo sie mit ihren mitgebrachten Stiften ein Bild malte. Sie blickte nicht auf, ließ kein Anzeichen dafür erkennen, ob sie mir zuhörte. Erst auf dem Heimweg sprach sie mich an:

»Ich hab gehört, dass du vorhin beim Lesen ›meine Tochter‹ gesagt hast. Da hast du mich gemeint, oder?«

»Ganz genau. Da ging es um dich.«

Sie nickte und versuchte kokett, ihren Stolz zu verbergen. Das freute mich, auch wenn ich diese Freude mit Vorsicht genoss. Klar, sie fühlte sich geschmeichelt. Jedes Kind mag es, im Mittelpunkt zu stehen. Ob dies ein Freibrief dafür ist, Kinder dann auch wirklich in den Mittelpunkt zu stellen, muss sich jeder selbst fragen.

Entscheidend finde ich bei alldem, offen mit dem Thema umzugehen. Was man natürlich erst so richtig kann, wenn das Kind alt genug ist, um zu verstehen, was da vor sich geht. Wanda weiß, dass ich Schriftsteller bin. Und findet die Vorstellung, dass ich manchmal über sie schreibe, aktuell noch in Ordnung. Mal sehen, was sie in zehn Jahren dazu sagen wird. Und während sich andere Kinder für die Insta-Entgleisungen ihrer Eltern rächen können, indem sie später mal reich bebilderte Blogs à la »Wie ich meine Mama im Alter pflege« ins Netz stellen, könnte Wanda eine Kolumne mit dem Titel *Cool trotz Clint* schreiben.

🔟 KLEINE, FEINE ANEKDOTE

»Tochter«, sage ich, als ich Wanda aus der Kita abhole, »heute Abend gehen wir auf einen Poetry Slam.«

»Was ist das?«

»Da stehen Menschen am Mikrofon und schreien komische Sachen. Und wenn das Publikum dann laut genug klatscht, dürfen sie noch mal ins Mikro schreien.«

»Ich will da nicht hin.«

»Doch, das wird lustig, wirst sehen.«

Also fahren wir am Abend zum Schlesischen Tor.

Ich habe Wanda noch nie mit auf eine so große Bühne genommen. Aber als wir im Lido ins Backstage gehen, lassen wir uns beide nichts anmerken. »Tretet ihr zusammen auf?«, lacht der Veranstalter. Ich umarme ihn und einen weiteren Kollegen zur Begrüßung. Von den anderen Teilnehmern halte ich mich fern. Der Poetry Slam hat einen merkwürdigen Typus von Dichterdrohnen hervorgebracht. Sie sind jung, ehrgeizig, trinken keinen Alkohol, verlieren nie die Kontrolle. Schreiben zwei gute Texte, mit denen sie jahrelang sämtliche Bühnen abgrasen, und sind danach ausgebrannt.

»Willst du auch ein Bier?«, frage ich meine Tochter.

»Papa! Ich darf doch kein Bier trinken!«

»Ach ja, stimmt.«

Sie mag es trotzdem, wenn ich sie frage. Großen Mädchen bietet man was zum Trinken an. Stolz setzt sie sich zwischen die anderen Poeten und schaut sich um. Ich werde derweil auf die Bühne gerufen.

»Bleibst du kurz bei deinen Freunden?«, frage ich Wanda.

»Nein, ich will mitkommen.«

»Aber da ist es total laut.«

»Nimm mich mit!«

Durch einen Seiteneingang steigen wir auf die Bühne. Grelles Scheinwerferlicht. Die knapp fünfhundert Zuschauer feixen, als ich Wanda neben dem Mikro auf einen Stuhl setze. Ich beginne zu lesen. Komme auch ganz gut an. Doch nach zwei Minuten zupft Wanda an meinem Hosenbein.

»Papa, mir ist langweilig.«

»Darf ich das kurz zu Ende lesen?«

»Oh, Mann!«

»Okay. Was sollen wir machen?«

Sie will es mir ins Ohr flüstern. Natürlich feiert das Publikum den Moment. Authentische Situationen sind beim Poetry Slam absolut unüblich. Durch das Johlen und Klatschen kann ich kaum Wandas Stimme hören.

»Ladies and Gentleman«, rufe ich dann ins Mikro.

»Ich präsentiere: die Eiskönigin!«

Wanda ziert sich ein paar Sekunden, singt dann in ihrem phonetischen Kauderwelsch *»Let it go«* aus dem Film *Frozen*. Man kann sie nicht verstehen, aber ihre Choreografie ist ebenfalls sehenswert. Der Saal tobt. Wir sollen noch mal im Finale auftreten. Zwar haben wir gegen sämtliche Regeln verstoßen, aber der Veranstalter respektiert die Entscheidung des Publikums.

»Ich will nach Hause«, sagt Wanda, als wir wieder im Backstage sind. Mir ist es recht. Die fünfzig Euro Gage krieg ich unabhängig von unserer Platzierung im Wettbewerb.

»Ihr müsst noch mal auftreten!«, fleht der Veranstalter. An sich schön, dass er so auf uns abfährt. Aber ich finde, ich hab heute schon genug Kapital aus meinem Kind geschlagen.

Man muss es ja nicht übertreiben.

sei, was immer du willst

Ich bin eine faule Sau, ein Meister der guten, unerfüllten Vorsätze. Jeden Tag habe ich neue Einfälle, die ich verwirklichen will. Wodurch die alten vernachlässigt werden.
Deshalb würde mir nicht im Traum einfallen, meiner Tochter ins Gewissen zu reden oder ihren Ehrgeiz anzuheizen.

»Papa, ich hab aus Versehen über die Umrisslinie gemalt.«

»Ja, das sehe ich.«

»Findest du das schlimm?«

»Nein, das ist überhaupt nicht schlimm. Umrisslinien sind unwichtig. In dem Moment, in dem du darüber malst, ist es Kunst.«

Ich habe hin und her überlegt, wie ich dieses Buch beschließen soll. Und finde, es spricht nichts dagegen, noch mal auf mein Lieblingsthema zurückzukommen. Auf die steile These, die ich gleich zu Beginn aufgestellt habe: dass das Kind und die eigenen Interessen nichts sind, was man voneinander trennen muss. Konnte ich sie inzwischen belegen? Ich weiß es nicht. Aber letztlich geht es ohnehin um den Versuch. Um das Streben nach einem Eltern-Kind-Verhältnis auf Augenhöhe, das für beide Seiten inspirierend ist. Ganz schön hochtrabende Worte. Vielleicht sollte ich mir eine Fliege umbinden?

Zum Zeitpunkt, da ich dies schreibe, ist Wanda acht Jahre alt. Seit Kurzem nimmt sie Geigenunterricht, geht einmal pro Woche zum Schwimmtraining. In der Schule lernt sie Englisch und Russisch. Sie malt gern, mit Filzstiften, Buntstiften oder Acrylfarben. Sie mag es, auf meinem Klavier herumzuklimpern. Sie geht fein mit mir essen. Sie will endlich mal ins Ballett. Das alles hört sich krass nach Bildungsbürgertum an, ich weiß. Wie diese Prenzlberg-Kinder, die nach acht Stunden Schule noch zu Schachmeistern und Cello-Virtuosen gedrillt werden, und zwar auf Teufel komm raus.

Keine der oben genannten Aktivitäten ist für Wanda in irgendeiner Form mit Pflicht verbunden. Na ja, vielleicht die Sache mit den Sprachen, weil die zum Lernangebot der Schule gehören. Alles andere tut sie, weil sie es kann. Und Lust darauf hat. Gut möglich, dass sie bei einigen dieser Hobbys die Flinte ins Korn wirft, sobald es schwierig wird. Da käme sie ganz nach ihrem Vater.

Wenn ich ein paar meiner eigenen Hobbys aufzählen darf: Italienisch lernen, Klavier spielen, Malen, in die Oper gehen, auf Pferde wetten. All diesen Betätigungen gehe ich mehr oder weniger regelmäßig nach, aber bei Weitem nicht so intensiv, wie ursprünglich angestrebt. Nein, das klingt noch viel zu erfolgreich. Die Wahrheit ist: Vor zehn Jahren konnte ich zehnmal besser Klavier spielen als heute. Vor zwei Jahren konnte ich mich grundlegend auf Italienisch verständigen. Diese Errungenschaften sind weitgehend wieder verkümmert. Weil ich eine faule Sau bin. Beziehungsweise andauernd schreiben muss. Damit will ich nur sagen: Ich bin ein Meister der guten, unerfüllten Vorsätze. Und jeden Tag habe ich neue Einfälle, die ich verwirklichen will. Wodurch die alten vernachlässigt werden.

Deshalb würde mir nicht im Traum einfallen, meiner Tochter ins Gewissen zu reden oder ihren Ehrgeiz anzuheizen. Wenn sie sagt, sie will Primaballerina werden, sage ich: Cool. Ich sage nicht: Puppe, da bist du mit acht Jahren aber spät dran. Weil ich kein Arsch bin. Und weil Leistungsorientiertheit eine destruktive Kraft ist. Zumindest, wenn es um die Entfaltung der eigenen Persönlichkeit geht.

Wanda kann werden, was immer sie will. Sollte sie sich für den goldenen Weg der Künstlerin entscheiden, wird mich das mit Stolz erfüllen. Ich werde sie unterstützen, wo ich nur kann. Sollte sie sich dagegen entscheiden, werde ich nicht enttäuscht, sondern erleichtert sein. Ein Kind, das Ärztin oder Steuerberaterin wird, ist wesentlich hilfreicher als eine arbeitslose Schauspielerin. Da bin ich pragmatisch. Wie es auch kommen mag, die Lebensgier des eigenen Kindes zu fördern, ist das Schönste und Wichtigste, was Eltern tun können. Vor allem, wenn man selbst nicht genug kriegt von dem reichhaltigen Angebot, das jeder Tag für uns bereithält.

GEMEINSAM AUFS GLATTEIS

Auf die Gefahr hin, mich auf den letzten Metern als profilierungssüchtiger Vollhorst zu outen, möchte ich zum Schluss von einem Experiment erzählen. Es geht um die bereits erwähnte Malerei. Die war nämlich das erste gemeinsame Projekt, das Wanda und ich auf Augenhöhe gestartet haben. Mit Acrylfarben hatte ich bereits in der Schulzeit gemalt, aber nie mit Ölfarben. Das reizte mich schon lange. Ich nahm also mein Kind bei der Hand und zog mit ihr los.

»Papa, wo gehen wir hin?«

»In ein Geschäft für Künstler.«

»Und was machen wir da?«

»Wir kaufen uns ganz viele Sachen.«

»Okay«, sagte Wanda mit einer achselzuckenden, für alles offenen Selbstverständlichkeit. Wir spazierten zu Peters Art, einem Künstlerbedarfsladen, der in mehreren zusammenhängenden Erdgeschosswohnungen untergebracht ist. Während wir durch die Räume und verwinkelten Flure schlichen, durch den Duft von Büttenpapier und Leinöl, der knarrende Dielenboden unter unseren Füßen, wurden Wandas Augen immer größer.

»Oh, wie schön die Pinsel aussehen!«, rief sie. »Und was ist das?«

»Das ist ein Spachtel. Damit kann man auch malen.«

»Darf ich mir auch eine Goldfarbe kaufen?«

»Natürlich. Wie soll man denn ohne Goldfarbe auskommen?«

Wir shoppten wie die Wahnsinnigen. Leinwände, Ölfarben für mich, Acrylfarben fürs Kind, Pinsel, Paletten, zwei Staffeleien. Wir brauchten ewig, um das ganze Zeug nach Hause zu schleppen, und ich blätterte dafür ein halbes Monatsgehalt hin. Übertriebene Ausgaben geben einem immer das Gefühl, die guten Vorsätze besonders gewissenhaft zu verfolgen. Es wäre aber auch nicht das erste Mal, dass sündhaft teures Zeug bei mir verstaubt, weil meine Begeisterung sich ein neues Ziel gesucht hat.

Wandas andächtiges Staunen, als ich ihr die Handhabung der Palette zeigte, machten ein Zurückrudern unmöglich. Wir malten an diesem Tag mehrere Stunden lang. Anfangs fragte Wanda noch, was sie tun sollte, war sich unsicher bei der Handhabung der Farben. Als sie jedoch merkte, dass das Ganze für mich genauso Neuland war, wurde sie selbstsicherer.

»Ich kann ja einfach ausprobieren, was passiert, wenn ich Grün und Silber mische, oder?«

»Probier's aus«, sagte ich. Und beobachtete heimlich von der Seite, wie sie mit Kennermiene den Pinsel schwang.

Wir blieben mehrere Wochen am Ball. Ich hatte mir selbst die Aufgabe aufgebürdet, für die limitierte Auflage meines Erzählbandes *Mit dem Rücken zum Brand* hundertundein kleinformatige Bilder zu malen. Den Pinsel aus Faulheit wegzulegen, kam also gar nicht infrage. Einmal porträtierten Wanda und ich uns gegenseitig, mein Ergebnis wirkte realitätsnäher als ihres.

»Deins ist so schön«, sagte sie traurig. »Du kannst das viel besser als ich. Meins gefällt mir überhaupt nicht.«

Zugegeben, sie war bei der Anordnung von Nase, Mund und Augen weitaus kreativer gewesen als ich. Natürlich dachte sie noch in der konservativen Logik der Ausmalbücher Aber ich versuchte, ihren Mut zu befeuern.

»Es geht nicht darum, die Sachen so zu malen, wie sie aussehen«, sagte ich. »Dafür gibt es Fotoapparate. Du kannst machen, was du willst. So malen, wie du es siehst, oder dir einfach was ausdenken.«

»Aber ich find mein Bild hässlich!«

Da waren wir wieder bei der ungenügend entwickelten Frustrationstoleranz. Mit der Erfahrung, dass der Ausdruck der eigenen Vorstellungskraft hinterherhinkt, muss man erst mal klarkommen lernen. Ich reagiere wortlos darauf, indem ich meine eigenen Bilder verschenke, ihre hingegen in der Wohnung aufhänge.

Malen ist etwas sehr Spezielles. Das Medium, das wir uns willkürlich ausgesucht haben. Letzten Endes geht es aber nicht darum, was man mit seinem Kind macht. Sondern wie man es macht. Ich gebe gern und ohne Bescheidenheit zu: In diesen Momenten, wenn meine Tochter und ich gemeinsam vor der Leinwand stehen, fühle ich mich als richtig guter Vater. Ich entspreche meinem eigenen Ideal, das ich in so zahllosen anderen Momenten nicht erfüllen kann. Oft bin ich zu schwach, zu genervt, zu zerstreut, um alles richtig zu machen. Doch wenn Wanda und ich uns gemeinsam aufs Glatteis begeben, sind wir völlig synchron. Dann haben wir das *Shining*, blicken mit derselben unverfrorenen Neugier ins Ungewisse. So und nicht anders habe ich mir Vaterschaft immer vorgestellt. Sein Bestes zu geben, auch wenn man im Herzen stets ratlos bleibt.

glossar

Für alle, die zu bequem sind,
ein ganzes Buch durchzuackern,
sind hier alle wichtigen Begriffe
des Elterndaseins erklärt.
Im Grunde reicht es also,
ab hier zu lesen.

ABSTINENZ Der Verzicht auf schöne Dinge, den man sich mit der Geburt des Kindes freiwillig oder unfreiwillig auferlegt. Meistens geht es dabei um Alkohol und Zigaretten. Dass die Mutter in Schwangerschaft und Stillzeit weder trinken noch rauchen kann, ist verantwortungsvoll, aber unfair. Als Partner kann man da ruhig mal solidarisch sein, sollte es mit der Abstinenz aber nicht übertreiben. Beginnt man nämlich dem Kind zuliebe, sich unnatürlich und verkrampft zu verhalten, ist auch nichts gewonnen. Außerdem ist das Nervenkostüm des Abstinenzlers dünn und rissig, und wenn man eines als Eltern braucht, dann ist es ein intaktes Nervenkostüm. > Mehr dazu auf Seite 14 und 85

ACHTSAMKEIT Ursprünglich buddhistisches Konzept, aufmerksam und ohne fremde Einflüsse durchs Leben zu gehen. Wurde von der westlich-weinerlichen Esoterik zum Dogma erhoben und hat dadurch seine Leichtigkeit verloren. So oder so gehen *Self Care* und Achtsamkeit spätestens in dem Moment flöten, in dem man sich für ein Kind entscheidet. Mehr Fremdbestimmung geht nämlich nicht.

ALKOHOL Ein sanft wirkendes Nervengift, das bei richtiger Dosierung zu gesteigertem Selbstbewusstsein, Esprit und einer überbordenden Kreativität führt. Dem norwegischen Psychiater und Philosophen Finn Skårderud zufolge sind 0,5 Promille Blutalkohol der perfekte Pegel, um entspannt und inspiriert durchs Leben zu gehen. Mit Vorsicht zu genießen, wenn man die eigenen Grenzen nicht kennt. > Mehr dazu ab Seite 91

ALTLASTEN Begriff aus dem Umweltschutz für vom Menschen verseuchte Gebiete. Wird auf Dating-Plattformen auch liebevoll als Synonym für »Kinder« verwendet. »Du solltest jung, reich, klug, schön, humorvoll und großzügig sein und keine Altlasten mitbringen.« Single-Mütter oder -Väter sollten sich davon nicht vor den Kopf stoßen lassen. Wer so engstirnig durchs Leben geht, passt sowieso nicht zu euch. > Mehr dazu ab Seite 142

ARBEIT Sammelbegriff für alle Tätigkeiten, mit denen man den eigenen Lebensunterhalt bestreitet oder sich selbst verwirklicht. Die Arbeit ist nur schwer bis gar nicht mit einem Kinderwunsch zu vereinbaren. Sollte man es trotzdem ausprobieren wollen, muss man sich damit abfinden, dass die Kitas erst zu Fantasiestunden öffnen, die in einer anderen Zeitzone als die eigene Arbeitszeit liegen. Außerdem sind Kitas meist unterbesetzt, sodass man darum gebeten wird, das Kind nach Möglichkeit schon mittags um zwölf wieder abzuholen. Oder gar nicht erst hinzubringen. Wer nicht verhungern will oder die eigene Arbeit liebt, sollte kein Kind kriegen. Für alle, die wahnsinnig genug sind, diesen Ratschlag zu ignorieren, gibt es Notlösungen. **> Mehr dazu ab Seite 59**

ARBEITSTEILUNG Eine der bereits erwähnten Notlösungen. Sich als Eltern gegenseitig den Rücken freizuhalten, ist die beste Strategie, um nicht komplett die Nerven und/oder die eigene Identität zu verlieren. Das Kind möchte naturgemäß nicht, dass man eine eigene Identität hat. Nur mit vereinten Kräften kann man es von diesem Konzept überzeugen. Es ist zumindest den verzweifelten Versuch wert. **> Mehr dazu ab Seite 63**

AUTORITÄT Damit ist das Ansehen gemeint, das einem vom Kind entgegengebracht wird. Autorität zu erzeugen, ist lästig und anstrengend, vor allem, wenn man es gern bequem hat. Allerdings wird das Leben auf lange Sicht für alle Beteiligten wesentlich unbequemer, wenn man in den Augen des Kindes keine Autorität besitzt. Bei aller Liebe sind Eltern und Kinder unerbittliche Gegner, die sich in einem knallharten Überlebenskampf gegenüberstehen. Gegenseitige Abschreckung gewährleistet die friedliche Koexistenz zuverlässiger als ein brüchiges Ungleichgewicht. Denn Kinder nutzen jedes Machtvakuum, um sich zu despotischen Alleinherrschern aufzuschwingen. **> Mehr dazu ab Seite 72**

BABYSITTER Verwandte oder Freunde, die für ein paar Stunden auf das Kind aufpassen, damit man sich mal wieder nach Herzenslust die Rüstung wegrömern kann. Der beste und günstigste Babysitter ist der Fernseher. Das Kind lässt sich bereitwillig davor parken und man hat Zeit für ein Nickerchen, den Haushalt oder ein Vollbad. **> Mehr dazu ab Seite 96**

BEIKOST Nahrung, die dem Kind parallel zum Stillen verabreicht wird und dieses sukzessive ablösen soll. Aus unerfindlichen Gründen nehmen viele Eltern an, dass die Beikost aus abstrusen Gewächsen wie Pastinake oder Zucchini bestehen muss, die man zu einem faden Schlamm verkocht. Wer sich da über die mangelnde Begeisterung des Zöglings wundert, sollte die Pampe mal selbst probieren. Kinder sind Nachahmungstäter. Sie möchten das essen, was ihre Eltern essen. Man kann ihnen unbedenklich alles in die Hand drücken, was man selbst zu sich nimmt Scharfe, übermäßig saure oder blähende Speisen natürlich ausgenommen. Lest halt einen vernünftigen Ratgeber, da werdet ihr schon ordentliche Empfehlungen finden. **> Mehr dazu ab Seite 23**

BESCHÜTZERINSTINKT Wichtige, aber herzzerreißende Angelegenheit. Er verhilft den Eltern zu einem geradezu übernatürlichen Gespür für alle Gefahren, die sich dem Kind nähern könnten. Führt aber leider auch dazu, dass man in schlaflosen Nächten von Horrorszenarien verfolgt wird. Juli Zeh schreibt in ihrem Roman *Über Menschen* sinngemäß, dass die Paarung des animalischen Beschützerinstinkts mit unserem menschlichen Bewusstsein die größte erdenkliche Last ist. Weil man bei aller Vorsicht weiß, dass jederzeit unkontrollierbare Katastrophen über uns hereinbrechen können. Kein Kind zu kriegen, ist der beste Weg, sich die Möglichkeit undenkbaren Schmerzes zu ersparen. Man sollte das mit dem Kinderkriegen trotzdem riskieren.

BONDING Nicht mit Bondage verwechseln. Dieser Begriff bezeichnet anscheinend die liebevolle Bindung zwischen Eltern und Kindern. Warum man dazu nicht einfach »liebevolle Bindung zwischen Eltern und Kindern« sagt, ist mir ein Rätsel. Ist doch viel einfacher und hat nur etwa sechsmal so viele Silben.

BUDDELZEUG Aus buntem Plastik bestehende Werkzeuge, die zum Formen oder Umgraben von Sand verwendet werden. Kinder wollen stets, dass man sie zum Spielplatz mitschleppt. Dort werden sie ausgeschüttet, aber nie benutzt. Es fällt in den Aufgabenbereich der Eltern, sie wieder einzusammeln. Das Buddelzeug bekommt erst dann einen gewissen Stellenwert, wenn sich ein fremdes Kind dafür interessiert. Plötzlich gibt es nichts Wichtigeres als Schaufeln, Sandformen und Eimer und die elterliche Agenda wird um die Aufgaben bereichert, selbiges zu verteidigen. Grundsätzlich kauft man im Leben eines Kindes zehn- bis fünfzehnmal Buddelzeug, weil es – trotz nicht praktizierter Nutzung – ständig verloren geht.

COCKBLOCKER Umgangssprachlicher und politisch wenig korrekter Ausdruck für Personen, die einem durch ihre Anwesenheit ein Date vermiesen. Können beste Freunde, Freundinnen, aber auch das eigene Kind sein. **> Mehr dazu auf Seite 144**

DATING MIT KIND **> Ausführlich dargestellt ab Seite 142**

EGO Das Selbst, bestehend aus den eigenen Wünschen, Träumen, Hoffnungen, Abneigungen und Erfahrungen. Der Charakter des Menschen wird dadurch gebildet, wie sehr er sich vom eigenen Ego beeinflussen lässt. Allgemeinplätze wie »Der Klügere gibt nach« mögen ihre Berechtigung haben, führen jedoch dazu, dass immer derjenige mit den dicksten Eiern gewinnt. So oder so ist die Fähigkeit, das eigene Ego hintanzustellen, unabdingbar, wenn der Nachwuchs kommt. Niemand hat ein größeres Ego als Kinder. Viel Spaß damit!

EINSCHLAFBEGLEITUNG Äußerst undankbare Aufgabe, mit der sich alle Eltern herumärgern dürfen. Das Kind muss schlafen. Es möchte nicht schlafen. Je weiter es über den toten Punkt völliger Ermüdung hinaus ist, desto verbissener hält es die Augen offen. Um es aus diesem teuflischen Zustand zu erlösen, hauptsächlich aber, weil man wenigstens am späten Abend mal eine Stunde für sich allein haben will, tut man alles Mögliche, um ihm das Einschlafen zu erleichtern. Man liest idiotische Kinderbücher, singt noch idiotischere Lieder, macht sich vollends zum Affen. Meistens verzweifelt man dabei so sehr, dass man schließlich selbst vor Erschöpfung einschläft. > **Mehr dazu ab Seite 31**

EINSCHULUNG Mit der Einschulung kommt der Moment, da sich die Gesellschaft ins eigene Privatleben einmischt. Bis dahin soll man schön selbst schauen, wo man mit seinem Kind bleibt, vor allem als alleinerziehendes Elternteil im Corona-Lockdown. Immerhin kann man während der Kitazeit noch selbst bestimmen, ob das Kind an gemütlichen Tagen blaumachen darf oder nicht. Mit der Einschulung beziehungsweise der Schulpflicht ändert sich das. Und dem Schulamt kann es plötzlich nicht schnell genug gehen, das Kind in die Mühle zu schicken, selbst wenn es erst fünf Jahre alt und gedanklich noch im Feenreich angesiedelt ist. Natürlich kann man Kinder für ein Jahr von der Einschulung zurückstellen. Dafür muss man sich allerdings von bürokratischen Horrorschranzen demütigen lassen. > **Mehr dazu ab Seite 133**

EINZELKIND Völlig neuartiges und verrücktes Konzept, zugeschnitten auf Eltern, die sich zu Recht davor fürchten, zwei, drei oder noch mehr Plagen um sich zu scharen. Seinem schlechten Ruf zum Trotz ist das Einzelkind kein egomanischer Soziopath. Natürlich ist ein Mindestmaß an Vorsicht angebracht. Einzelkinder haben kein altersgemäßes Gegenüber, um Zweikämpfe und ihre Folgen miteinander auszutesten. Doch wer das weiß, kann sich darauf einstellen.
> **Mehr dazu ab Seite 65**

EISKÖNIGIN Protagonistin des gleichnamigen Disney-Films. Gute Freunde nennen sie Elsa. Niemand kommt an ihr vorbei, sie ist omnipotent und allgegenwärtig. Eltern sollten sich damit abfinden, unterliegen werden sie sowieso. Vordergründig ist Elsas Slogan »*Let it go*«, er könnte aber ebenso lauten wie bei den Borg in *Star Trek*: »Widerstand ist zwecklos.« > **Mehr dazu auf Seite 99**

ELTERN, ANDERE Merkwürdige Wesen aus der Zwischenwelt. Man kann das Wort nur indirekt über ihre Kinder an sie richten. Zum Beispiel: »Ui, du hast ja einen tollen Schneeanzug an, hat dir den deine Mama gekauft?« – »Ja, den haben wir in einem total süßen Second-Hand-Laden gefunden, stimmt's, Fjodor? Da, wo du mit dem Kopf in der Klotür stecken geblieben bist. Zeig dem Mann mal deine Beule.« Solange man selbst kein Kind hat, gibt es die Spezies der anderen Eltern nicht. Doch kaum tritt man dem Verein der Brüter bei, schießen sie überall aus dem Boden und lächeln einen so eindringlich an, dass man vor Freude Knochen kotzen möchte. > **Mehr dazu ab Seite 111**

ELTERNABEND > **Im Kapitel ab Seite 121 ist (fast) alles gesagt.**

ELTERNVERTRETER Ein hochwichtiger Posten im Kitagefüge. Also wirklich ein enorm bedeutender Posten. Man möchte sich gar nicht ausmalen, wie das ohne Elternvertreter gehen sollte. Ich selbst habe dieses Ehrenamt ganze zwei Monate bekleidet. Dann wurde ich per Misstrauensvotum abgesetzt. > **Mehr dazu ab Seite 128**

ERSTAUSSTATTUNG Ein gängiger Begriff, von dem niemand weiß, was er eigentlich bedeuten soll. Vermutlich sind damit allerlei Schnullibulli-Gegenstände fürs Kind gemeint, an denen sich spezialisierte Halsabschneider eine goldene Nase verdienen. Bei einem so miesen Spiel muss man nicht mitmachen. Kein Mensch braucht eine Wickelkommode, wenn auf Waschmaschine und Pokertisch genug Freifläche zur Verfügung steht. Am Ende reicht es, alle nötigen Dinge zu besorgen, wenn das Kind da ist. Keine Sekunde früher.

ERZIEHERINNEN/ERZIEHER Eine unverzichtbare Säule unserer Gesellschaft, die sich kompetent und liebevoll um den Nachwuchs kümmert. Aus Gründen, die ebenso geheim gehalten werden, wie einst das Allerheiligste im Tempel von Jerusalem, besitzen sie außer ihrer beruflichen Expertise nur wenig Kompetenzen und Fähigkeiten. Um Glühbirnen zu wechseln, ein Regal aufzubauen oder den Wasserhahn zuzudrehen, rufen sie einen Handwerker. Ihnen die eigenen Kinder anzuvertrauen, ist genau das Hasardspiel, das Eltern zu so extrem krassen Dudes macht. **> Mehr dazu ab Seite 121**

FEIERABEND-DADDY Invasive Spezies, meist aus dem deutschen Südwesten nach Berlin eingewandert. Ist vermehrt auf Spielplätzen anzutreffen, zum allgemeinen und zu ihrem eigenen Leidwesen. **> Mehr dazu ab Seite 114**

FEUCHTTÜCHER Unverfänglicher Hygieneartikel, der in den Händen von Eltern zum Totem wird. Ohne Feuchttücher das Haus zu verlassen, muss als Fahrlässigkeit verurteilt werden. Wer Eltern sichtet, die keine Feuchttücher mit sich führen, sollte unverzüglich das Jugendamt verständigen. Losungswort: Zivilcourage.

FLEISCHKONSUM Ernährungskonzept, das man jederzeit freiwillig überdenken kann, insbesondere wenn man sich durch Fortpflanzung in eine Vorbildfunktion katapultiert hat. **> Mehr dazu ab Seite 28**

FLIEGEN Form der Fortbewegung, die Menschen angenehm schnell von A nach B bringt. Seit Kurzem in moralischen Misskredit geraten, insbesondere wenn man eine Leibesfrucht mit sich führt. **> Mehr dazu auf Seite 71**

FREIBIER Auch alkoholfreies Bier genannt Im Gegensatz zum alkoholhaltigen Bier kann es von schwangeren Menschen mit Uterus getrunken werden, wobei es große Unterschiede in der Geschmacksqualität der verschiedenen Produkte gibt. > **Eine Liste der fünf besten Sorten ist auf Seite 15 zu finden.**

FREMDBESTIMMUNG Im Grundgesetz steht, die Würde des Menschen sei unantastbar. Das Recht zur freien Entfaltung der Persönlichkeit wird dort ebenso garantiert wie das Recht auf körperliche Unversehrtheit. Leider haben Kinder von diesen Tatsachen noch nie gehört, sie reißen mit ihrer Ankunft augenblicklich die Macht an sich und geben sie nie mehr ab. Wie weit es da noch möglich ist, als Eltern die eigene Persönlichkeit zu entfalten, liegt im Ermessen der lieben kleinen Despoten. Natürlich besteht die Möglichkeit, gegen diese Unverschämtheit aufzubegehren, doch es ist ein ungleicher Kampf.

GESELLSCHAFTSSPIELE Der Unterhaltung dienende Brett- oder Kartenspiele. Erwachsenen ist davon abzuraten, sie mit Kindern zu spielen, denn Kinder können partout nicht verlieren. Läuft mal nicht alles genau so, wie sie es sich in ihren Spatzenhirnen ausgemalt haben, ändern sie spontan die Spielregeln. Führt das trotzdem nicht zum Sieg, rasten sie aus und sind für den Rest des Tages unleidlich. Dabei hat man das verdammte Spiel nur ihnen zuliebe ausgepackt. Der einzige Weg, den Haussegen zu retten, besteht darin, das Kind bei jeder einzelnen Runde gewinnen zu lassen. Dabei muss man so tun, als hätte man sich vergeblich alle Mühe gegeben. Unterhaltung sieht anders aus. > **Mehr dazu auf Seite 48**

GLEICHBERECHTIGUNG Selbsterklärendes Konzept einer zwischenmenschlichen Beziehung auf Augenhöhe. Im Zuge derselben ist es nur gerecht, wenn beide Eltern sich die Sorge um das Kind aufteilen. Niemand möchte den ganzen Tag Babysitter spielen. Kurioserweise ist es bei Arm und Reich immer noch weitgehend üblich, dass der Mann zur Arbeit geht und die Frau zu Hause sitzt. Eine Elternzeit von zwei Monaten bis zu drei Jahren kann eine Lösung sein, aber das muss natürlich jeder selbst wissen.

GLÜCKSSPIEL Freizeitbeschäftigung mit Suchtgefahr. Nach dem *Buche Deuteronomium* eigentlich vom Herrgott verboten, aber trotzdem äußerst spaßig. Mit etwas Geschick kann man dabei sogar Geld verdienen. Es dem Kind nahezubringen, ist aufgrund hinderlicher Altersbeschränkungen nur bedingt in Casinos und Spielbanken möglich. An den Wettschaltern von beispielsweise Pferderennbahnen kann jedoch niemand kontrollieren, für wen man die Wettscheine löst. Gewinne sind an das Kind weiterzureichen, Verluste bleiben unerwähnt. Auf die Art wird das Kind ein ebenso gesundes Verhältnis zu Geld und Schulden entwickeln wie unser Wirtschaftssystem. **> Mehr dazu ab Seite 86**

GRUNDBEDÜRFNISSE Damit sind in diesem Fall die Grundbedürfnisse des Kindes gemeint. Denn wie schon das ein oder andere Mal erwähnt, interessiert sich ab der Geburt kein Arsch mehr für die Grundbedürfnisse der Eltern. Sie sind dann nur noch Erfüllungsgehilfen der endlosen Wünsche ihrer rotzfrechen Brut. **> Mehr dazu ab Seite 21**

HELIKOPTERELTERN Geläufige Bezeichnung für Eltern mit einem ans Neurotische grenzenden Kontrollwahn. Besonders häufig in den reichen Bezirken der Großstadt anzutreffen, wo Kinder nicht nur als Familienzuwachs behandelt, sondern zudem wie ein Start-up betrieben werden. Die meisten Helikoptereltern kriegen ihr erstes Kind mit vierzig, was nicht zur Entspannung beiträgt. Schließlich haben vierzigjährige Menschen ihre ulkigen Marotten schon so lange kultiviert, dass sie zur Schrulligkeit neigen. Klingt gemein, ist aber so.

KATER Umgangssprachliche Bezeichnung für den würdelosen Zustand nach einem Zechgelage. Kopfweh, Weltschmerz, Übelkeit gehören zum Waschgang dazu. Das beste Mittel dagegen ist Schlaf, den man leider nicht findet, wenn Kinder zugegen sind. Insbesondere in den Momenten elterlicher Schwäche wollen sie Topfschlagen und andere lärmende Tätigkeiten verüben. **> Mehr dazu ab Seite 94**

KAUFLADEN Spielzeug, mit dem das merkantile Verständnis des Kindes geschult wird. Der Vorteil: Der Kaufladen kann bis in alle Ewigkeit erweitert werden, was den Eltern das Leben ungemein erleichtert. Die ständig auf einen einprasselnden Fragen von zudringlichen Verwandten, was sie dem Kind schenken sollen, kann nun standardmäßig mit dem Hinweis auf den Kaufladen beantwortet werden. Der Nachteil: Das Kind lädt einen mehrmals täglich dazu ein, bei ihm einkaufen zu kommen. Dabei darf man sich selten das aussuchen, was man haben möchte, sondern muss die Vorschriften des Kindes befolgen. Durch das erworbene merkantile Verständnis werden zudem die Verhandlungen über die Spieldauer härter. Will man sich mit einem »Aber nur noch einmal« aus der Affäre ziehen, kriegt man prompt ein »Nein, noch fünfmal« vor den Latz geknallt. Vor diesem Hintergrund will der Kauf eines Kaufladens wohlüberlegt sein. **> Mehr dazu ab Seite 47**

KEIME Mikroskopisch kleine Lebewesen, die ein Potpourri an Kinderkrankheiten übertragen, insbesondere nach Beginn der Kita-Ära. Durch Zauberei werden sie im Kinderkörper überdies so aufbereitet, dass sie für die arglosen Eltern besonders ansteckend sind. Magen-Darm-Grippe, Bronchitis und die allseits beliebte Maul- und Klauenseuche sind noch die harmloseren Ausprägungen. Unverbindliche Empfehlung des Autors: Wer keinen Bock auf Keime hat, sollte definitiv auf die Fortpflanzung verzichten. **> Mehr dazu ab Seite 39**

KIND, FREMDES Dem eigenen Kind ist man in Liebe verfallen und sieht deshalb über seine niederträchtigen Machenschaften hinweg. Eine elterliche Kulanz, die flöten geht, wenn es sich um fremde Kinder handelt. Kein Mensch möchte irgendwelche Gören auf der Schaukel anschubsen, ihnen aufs Klettergerüst helfen oder sie trösten, wenn sie aus Dusseligkeit die Straße geküsst haben. Knifflig wird es, wenn das eigene Kind sich mit dem fremden Kind anfreundet, sich womöglich gar verabreden möchte. **> Mehr dazu unter dem Begriff »Fremdbestimmung« oder ab Seite 53**

KINDCHENSCHEMA Perfide Sicherheitsvorkehrung der Natur, durch die man Lebewesen mit kleiner Nase und großen Kulleraugen wunderschön findet, egal wie die Realität aussieht. Wirkt zum Glück vor allem beim eigenen Kind, fremde Kindern sieht man dafür haargenau so, wie sie tatsächlich aussehen. Was die Natur sich überhaupt dabei gedacht hat, ist schleierhaft. Immerhin sollte die Fürsorge durch andere lästige Zwänge wie Beschützerinstinkt und Selbsterhaltungstrieb gewährleistet sein.
> **Mehr dazu auf Seite 55**

KINDERARBEIT Wirtschaftliches Konzept, das erst im vorletzten Jahrhundert in Verruf geraten ist (außer in Bangladesch). Während des ersten Corona-Lockdowns ist sie wieder in Mode gekommen, weil alleinerziehende Eltern – wollten sie ihren Job nicht verlieren – dazu gezwungen waren, das Kind mit zur Arbeit zu nehmen. Und wenn es schon einmal da ist, kann es ja wohl auch mit anpacken.
> **Mehr dazu ab Seite 66**

KINDERÄRZTIN/KINDERARZT Medizinische Fachkräfte, die für die Heilung des Kindes zuständig sind. Um zu ihnen zu gelangen, wird man durch sogenannte Wartezimmer geschleust, in denen sämtliche im Umlauf befindlichen Krankheitserreger ihr Unwesen treiben. In der Regel dauert es zwei bis drei Wochen, sich von einem Praxisbesuch zu erholen. Das Risiko ist umso größer, als man nicht nur dorthin muss, wenn das Kind krank ist, sondern auch für Impfungen und eine hanebüchene Anzahl an Vorsorgeuntersuchungen. > **Mehr dazu ab Seite 39**

KINDERBÜCHER Manchmal möchte man das Kind nicht ununterbrochen vor der Glotze parken, sondern es – getragen von guten Vorsätzen – sanft in Richtung einer zukünftigen Leselust drängen. Dafür liest man ihm jeden Abend vor dem Einschlafen Kinderbücher vor, also Bücher, die von Leuten geschrieben werden, die keine richtigen Bücher schreiben wollen (oder können). Genauso lesen sie sich auch. Kinder sind selbstverständlich begeistert von der auf ihr Wolkenkuckuckshirn zugeschnittenen Beschränktheit. Für Erwachsene ist die Angelegenheit indes wenig bis gar nicht erfreulich. > Mehr dazu auf Seite 31

KINDERFILME Es gibt sehr schöne Filme für Kinder (siehe Liste auf Seite 100), aber auch viele beschissene Filme. Erziehungsberechtigte werden jedoch ohnehin nicht nach ihren Vorlieben gefragt, sondern vor vollendete Tatsachen gestellt. Besonders schlimm sind Filme »für die ganze Familie«, weil sie weder Fisch noch Fleisch sind. Dumme Witze für die Kleinen wechseln sich ab mit zotigen Anspielungen für die Großen, es ist ein Trauerspiel (so zum Beispiel in der *Shrek*-Reihe). Natürlich kann man nicht immer bewusst das Beste für die Kinder auswählen, manchmal möchte man sie einfach für eine Weile dem Fernseher anvertrauen. Wenn sie dann aber durch Meisterwerke wie *Barbie and the Magic of Pegasus* dumm wie Bohnenstroh werden, darf man sich nicht beschweren. > Mehr dazu ab Seite 96

KINDERGESCHREI Das Erste, was man nach all der Vorfreude und Aufregung während der Schwangerschaft von seinem Nachwuchs zu hören kriegt. Kindergeschrei zeichnet sich durch eine unangenehme Tonlage und ohrenbetäubende Lautstärke aus. Mit der Zeit lernt man, es zu ertragen, was jedoch nicht für Unbeteiligte gilt. In der U-Bahn, im Flugzeug, in Wartezimmern schauen sie einen böse an, wenn das Kind schreit. Sie möchten gern, dass man es zum Schweigen bringt, damit sie weiter in Ruhe wie die Deppen auf ihr Smartphone glotzen können. Davon darf man sich als Eltern nicht einschüchtern lassen. Denn es sind schließlich die Kinder, die später die Rente von diesen Meckerpötten zahlen sollen. Auf der anderen Seite darf man als Eltern natürlich jederzeit so rücksichtsvoll sein, das Kind zu beruhigen. Im Restaurant zu sitzen und sich kein bisschen um die eigene Brut zu kümmern, ist asozial. > Mehr dazu auf Seite 26

KINDERKRANKHEIT > Seite 39

KINDERLACHEN Angeblich das Schönste auf der Welt. Muss man allerdings nicht so sehen. Sex und Alkohol sind auch sehr schön.

KINDERLIEDER »Wenn die Kuschelbär'n auf Reisen gehen und sich die große, weite Welt ansehn ...« Kinderlieder sind wie hartnäckige Geschlechtskrankheiten. Peinlich, hoch ansteckend und man wird sie nur schwer wieder los. Kinderlied-Ohrwürmer sind resistenter als jedes noch so aggressive Virus. Das einzige wirksame Gegenmittel ist, sich andere Ohrwürmer zuzulegen. Wer im Laufe der Kitazeit den Verdacht entwickelt, Erzieherinnen und Erzieher würden sich die debilen Texte nur ausdenken, um die Eltern zu quälen, der liegt aller Wahrscheinlichkeit nach vollkommen richtig. > **Mehr dazu auf Seite 126**

KINDERLOSIGKEIT Zustand, der durch nicht (erfolgreich) praktizierte Fortpflanzung erreicht wird. Kann je nach Erwartungshaltung der Betroffenen erfreulich oder traurig sein. Kommt ganz darauf an, ob man Kinder möchte oder nicht. Es gibt Menschen, die ohne Kinder glücklich und mit sich selbst im Reinen sind. Es gibt auch Menschen, die Kinder kriegen und erst danach merken, dass sie ohne Kinder glücklicher gewesen wären. Das ist dann blöd. Daher empfiehlt es sich, vorher gründlich über die ganze Angelegenheit nachzudenken. > **Mehr dazu auf Seite 12**

KINDERWAGEN Grundsätzlich ein praktisches Instrument, um das Kind zu transportieren. Wünschenswert daran sind vier stabile Räder und ein großzügiger Stauraum. Erfüllt der Kinderwagen diese Kriterien, ist er sehr nützlich und erfreulich für die auf jede Alltagserleichterung angewiesenen Eltern. Wer allerdings annimmt, alle Eltern würden beim Kauf des Kinderwagens in erster Linie auf diese Qualitäten achten, war noch nie in einer Großstadt. Großstadteltern befinden sich im ständigen Kampf mit ihren übermäßig gefüllten

Bankkonten. Deshalb kaufen sie statt praktischer Kinderwagen lieber filigrane, sündhaft teure Designerstücke, die beim ersten Kontakt mit der Straße in tausend Teile zerspringen oder umgehend geklaut werden. Sehr beliebt sind auch nachgebaute Vintage-Modelle, die mehr als ein benzinbetriebener Kleinwagen kosten. Am Kinderwagen zeigt sich, zu welcher Menschengattung die jeweiligen Eltern gehören. Es gibt den lösungsorientierten Ansatz und den versnobten, an Selbstsabotage grenzenden. *You may now choose your side.*
> Mehr dazu ab Seite 41

KINDERWUNSCH Merkwürdiger, an Hybris grenzender Selbstzerstörungsmechanismus des Menschen. Man ist zufrieden mit dem Job, schuldenfrei, hat eine schöne Wohnung und die große Liebe seines Lebens gefunden. Ein rundum paradiesischer Zustand, der in einem Märchen mit dem Schlusssatz eingeleitet wird: »Und sie lebten glücklich bis ans Ende ihrer Tage.« Lebt man allerdings nicht in einem Märchen, kommt früher oder später der Moment, in dem ein Kinderwunsch geäußert wird. Ist das Kind unterwegs, muss man die zu kleine Wohnung kündigen, Schulden aufnehmen, Elternzeit beantragen (wodurch meistens der Job flöten geht) und sich mit der Liebe seines Lebens aufs Glatteis begeben. Wer dies vermeidet, ist vorausschauend und klug. Verpasst aber möglicherweise genau das, worauf es ankommt. > Mehr dazu ab Seite 12

KITA Abkürzung für Kindertagesstätte, unterscheidet sich per Definition vom Kindergarten, der nur halbtags geöffnet ist. In Wahrheit verhält es sich aber so, dass sie meistens nicht einmal den halben Tag geöffnet hat. Erzieherinnen und Erzieher lieben es nämlich, jeden zweiten Tag auf Fortbildung zu gehen, krank zu werden oder eigene Kinder in die Welt zu setzen. Manchmal streiken sie auch. Sie fragen dann höflich bei den Eltern an, ob das Kind ausnahmsweise so lange zu Hause betreut werden kann. Kitas sind außerdem der Ort, an dem man zum ersten Mal intensiv mit anderen Eltern in Berührung kommt (siehe auch Eltern, andere). Sämtliche

Räumlichkeiten sind extrem überheizt, weshalb es sich empfiehlt, die Garderobe vorsorglich im Flur abzugeben, bevor man eintritt. Hat man sich ganz besonders in die Nesseln gesetzt und einen Platz in einer Kita »erobert«, die Wert auf Elterninitiative legt, ist eine gewisse Geschicklichkeit gefordert, sich schnell die leichtesten Aufgaben herauszupicken, besonders beim jährlich stattfindenden Frühjahrsputz. Doch Achtung: Auf dem Papier als leicht erscheinende Aufgaben wie »Sand in der Buddelkiste sieben« können sich schnell als unbarmherziger Knochenjob herausstellen. Zum Beispiel wenn die Buddelkiste zwanzig Quadratmeter groß ist und als Endlagerstätte für Bauschutt missbraucht wurde. **> Mehr dazu ab Seite 121**

KITAFREUNDE Unerfreuliche Bekanntschaften des eigenen Kindes. **> Siehe auch Kind, fremdes.**

KITAPLATZ Harte Währung in Berlin und anderen Großstädten. Wer sich auf dem Land vor dem Währungsverfall fürchtet, investiert in Gold- und Silberdepots. In der Stadt sichert man sich einfach einen Kitaplatz. Per Gesetz besteht darauf zwar ein Rechtsanspruch, doch in der Realität können nur gewitzte Verhandlungen auf dem Schwarzmarkt oder Selbstprostitution zuverlässige Ergebnisse liefern. Eine Kitazusage ist mehr wert als ein Medizin-Studienplatz in Heidelberg, man kann sie wahlweise gegen eine Drei-Zimmer-Eigentumswohnung in Wassernähe, einen brandneuen Porsche Cayenne oder die attraktive Waschmaschinen-Trockner-Kombi tauschen, die sich hinter Tor 3 verbirgt. **> Mehr dazu ab Seite 124**

KOMFORTZONE *Save space* der eigenen Psyche, in dem man entspannt und ohne Angst vor Peinlichkeiten lustwandeln kann. Für gewöhnlich verlässt man sie nur, wenn einen der Zwang zur Lohnarbeit dazu treibt. Selbstverständlich zieht der Entschluss, ein Kind zu kriegen, ebenfalls eine dauerhafte Vertreibung aus dem Paradies nach sich (siehe auch Fremdbestimmung). Mit anderen Worten: Sobald das Kind kommt, wird es unangenehm. Allerdings gibt es Freigeister, die der Meinung sind, dass man das Leben nur außerhalb der Komfortzone wirklich ausreizen kann. Von daher sind Kinder vielleicht das beste Mittel, um alles aus der Zeit rauszuholen, die einem gegeben ist.

KOMMUNIKATION Im weitesten Sinne kann man darunter den Austausch von Gedanken und Worten verstehen. Wie man dabei in den Wald ruft, so schallt es wieder heraus. Wenn man beispielsweise auf der Straße einem Wildfremden eine schmiert (ebenfalls eine Form der Kommunikation), wird man mit ziemlicher Sicherheit eine ähnliche Antwort erhalten. Ebenso gibt man dem eigenen Kind mit einem begeistert vorgebrachten »Dutzi, dutzi« das Stichwort, sich auf die gleiche tiefgründige Art zu äußern. Kleiner Tipp: Wenn man mit dem Kind auf Augenhöhe redet und es nicht wie einen kleinen Idioten behandelt, wird es später vielleicht auch kein Idiot werden. **> Mehr dazu ab Seite 37**

KONDOM Latexhaltiges Hilfsmittel, um sich und andere vor dem Wunder der Geburt zu schützen.

KOSENAMEN Verbale Streicheleinheit, die mitunter als Rufname verwendet wird. Die Kreativität mancher Eltern treibt dabei wilde Blüten. Kosenamen werden in der Regel entweder durch die Verniedlichung von Tiernamen gebildet (zum Beispiel Hasi, Mausi, Spatz) oder drücken den Stellenwert aus, den das angesprochene Kind hat (wie etwa Liebling, Schatz). Eltern, die die Kirche nicht im Dorf lassen können, neigen zu Entgleisungen wie »Augenstern« oder »Herzkirsche«, was für alle Beteiligten und Unbeteiligten peinlich werden kann. Empfohlen wird daher, das Konzept des Kosenamens umzukehren. »Monster«, »Altlast« oder »Katastrophe« funktionieren genauso gut. Denn wichtig ist nur die Liebe, Namen sind Schall und Rauch. **> Mehr dazu auf Seite 38**

KOT Menschliche Ausscheidung. Geht alles mit rechten Dingen zu, hat man nur mit dem eigenen zu tun. Kriegt man jedoch ein Kind, ist man nach kurzer Zeit auch mit Kot per Du, der nicht von einem selbst stammt.

KRANKENHAUSTASCHE Es wird allgemein empfohlen, für den Tag der Entbindung eine Tasche zu packen. Sie soll eine umfangreiche Wechselgarderobe für die Mutter beinhalten (inklusive kompletter Saunaausstattung wie Badelatschen, Bademantel und Handtücher), dazu Hygieneartikel, Essen, Trinken und sämtliche wichtigen Dokumente, die man in der Panik zusammenraffen kann. Wie all dieses Zeug in eine einzige Tasche passen soll, ist schleierhaft. Ein Schrankkoffer wäre passender, demnach sollte es auch Krankenhausschrankkoffer heißen, alles andere ist irreführende Werbung. Wie die Menschheit in all den Jahrtausenden ohne dieses Gepäckstück überleben konnte, wird für immer ein Rätsel bleiben. > **Mehr dazu auf Seite 16**

KÜRBISFEST Sobald das Kind in die Kita kommt, sind die Eltern verpflichtet, an einer Vielzahl archaischer Bräuche teilzunehmen. Frühjahrsputz, Ostern, Kürbisfest, St.-Martins-Umzug und Adventsbasar, um nur einige zu nennen. Im Vorfeld dieser Anlässe werden Hunderte von Nachrichten in WhatsApp-Gruppen und E-Mail-Verteilern verschickt. Als Betreff finden sich Perlen wie:»Wichtelstunde«, »Martinshörnchen« und »Nachtrag: Martinshörnchen«.
> **Mehr dazu auf Seite 122**

LÜGEN Alternative Form der Wahrheitsäußerung. Im Alten Testament und in den meisten Gesellschaften vordergründig verpönt, wird es trotzdem überall fleißig praktiziert. Setzt man es zur persönlichen Bereicherung ein oder um seine Mitmenschen vorsätzlich zu täuschen, ist das gemein. Allerdings gibt es auch Fälle, in denen sich das Lügen als sensibel erweist, insbesondere im Umgang mit dem eigenen Kind. Fragen wie »Was habt ihr gestern Abend im Bett gemacht?«oder»Ist mein Bild schön?«dürfen mit viel Fantasie beantwortet werden. **> Mehr dazu ab Seite 79**

MAMA-BLOGS Können auch von Männern betrieben werden, dann heißen sie Papa-Blogs. Siehe auch: *Cool trotz Kind*. Dienen in der Regel nicht zur Aufklärung, sondern als Profilierungsplattform. Die Pflege der Kinder ist zeitraubend und anstrengend. Ob sie sich in der Zukunft mit einer ähnlichen Hingabe ihren gealterten Erziehungsberechtigten widmen werden, ist ungewiss. Eltern dürfen daher einen Vorschuss auf künftige moralische Rückzahlungen erheben und ihre Kinder schamlos für Instagram, Facebook und TikTok ausbeuten. **> Mehr dazu ab Seite 154**

MITTAGSSCHLAF Der seidene Faden, an dem über dem Abgrund der Verzweiflung die Psyche der Eltern baumelt. Ohne den Mittagsschlaf wäre die ganze Angelegenheit nicht zu schaffen. Wenn das Kind sagt, es will in Zukunft keinen Mittagsschlaf mehr machen, ist eine der düsteren Stunden des Elterndaseins gekommen.

PRENZLAUER BERG Auch Prenzlberg genannt, ist ein Berliner Stadtteil und eines der größten zusammenhängenden Gründerzeitviertel. Überdies Heimat der sogenannten Prenzlinger, einer Unterart der Kobolde. Genau wie ihre irischen Kollegen horten sie in ihren Unterschlüpfen Töpfe voll Gold, tun aber so, als wären sie subversiv unterwegs. Wagt man es in ihrer Nähe, auf einem Spielplatz eine Zigarette anzustecken, dann vergessen sie ihre koboldhafte Größe, gehen neben einem in die Hocke und sagen mit kumpelhaftem Lächeln:»Merkste selber, oder?« **> Mehr dazu auf Seite 13 und 115**

PSYCHOHYGIENE Garant für das seelische Gleichgewicht. Kann durch sehr unterschiedliche Faktoren kontaminiert werden: schnippisches Barpersonal, rote Ampeln, Xavier Naidoo, Sozialpädagogen, Sozialpädagoginnen, nervige Lektorinnen, dumme Fragen, dumme Antworten, Elternabende, Elternsprechtage, Paulo Coelho, die Launen des Kindes. Zum Glück gibt es auf der anderen Seite Faktoren, durch die man die Psychohygiene wiederherstellen kann, wie: Alkohol, Gustav Mahler, einfach in den Zug steigen und wegfahren, Saunaaufgüsse, Austern, die italienische Oper, das Füttern der Musikbox in der Kneipe, die Launen des Kindes.

QUETSCHIES Praktisch verpacktes und stark verpöntes Früchtekompott, das man dem Kind zu jeder Gelegenheit wie eine Kurzinfusion verabreichen kann. Dann hält das liebe Kleine wenigstens mal für fünf Minuten den Schnabel. Macht sich gut als Geschenk für frischgebackene Eltern, die keine Kraft mehr haben, auf die ewige Frage »Was sollen wir euch schenken?« zu antworten. **> Mehr dazu auf Seite 24**

RESTAURANTBESUCH Erfreulicher Anlass, sich von Profis bekochen zu lassen und erlesene Getränke zu sich zu nehmen. Wer sich schon immer gefragt hat, ob Deutschland oder Frankreich das bessere Land ist, dem kann man getrost antworten: Frankreich. Denn dort geben die Menschen ihr Geld nicht für Autos, sondern für Essen und Trinken aus. Restaurants sind das Paradies jedes Genussmenschen (siehe auch: Psychohygiene). Es ist deshalb nicht cool, Eltern mit kleinen Kindern schiefe Blicke zuzuwerfen, sobald sie den Gastraum betreten. Jeder Mensch hat das Recht, sich bewirten zu lassen und die Früchte der Zivilisation zu kosten. **> Mehr dazu ab Seite 25**

SCHLAF Regenerationsphase des Menschen. Wird meist in der Nacht praktiziert, um Kraft für die sinnlosen Tätigkeiten zu sammeln, die man tagtäglich verrichten muss. Durch das Erscheinen des Kindes wird dieser Rhythmus gründlich sabotiert, sodass Eltern nur der Rückgriff auf Notlösungen bleibt. Mittagsschlaf kann eine solche Lösung sein. Man kann sich aber auch jederzeit an die Wand lehnen und für ein paar Minuten die Augen schließen, zum Beispiel im Treppenhaus, im ICE, auf der Arbeit oder im Club. **> Mehr dazu ab Seite 29**

SCHWANGERSCHAFT Bezeichnet die Monate, die angeblich das ganze bisherige Leben auf den Kopf stellen. Wie in diesem Buch jedoch bewiesen werden sollte, kann man auch mit Kind cool bleiben, wenn man die Arschbacken zusammenkneift. Die Schwangerschaft ist für beide Eltern der Trailer dafür, was auf sie zukommt. Natürlich ist das Elternteil mit dem austragenden Uterus dabei stärker von Veränderungen betroffen. Trotzdem sollten beide Elternteile von vornherein an einem Strang ziehen und nicht aus den Augen verlieren, was sie unabhängig vom Kind für sich selbst wollen. **> Mehr dazu ab Seite 10**

SEELENTRÖSTER Nicht zu verwechseln mit dem Tassenpudding eines einschlägigen Lebensmittelkonzerns. Kann alles Mögliche sein, das einem guttut, meint in diesem Fall aber das Kind. Gerade nach Trennungen oder sonstigen Liebesproblemen kann es helfen, die Bindung zum eigenen Kind als Seelentröster zu nutzen. Kinder sind mindestens zehn bis zwölf Jahre lang treu, wenn man Glück hat, sogar noch länger. Eine echt tröstliche Konstante, wenn alles andere auseinanderbricht. **> Mehr dazu auf Seite 147**

SEX Meint in der Regel die sinnliche Vereinigung zweier oder mehrerer Menschen. Kann freilich auch allein praktiziert werden, was den Vorteil hat, dass dabei keine Kinder entstehen. Auch beim Sex zu zweit können Vorkehrungen getroffen werden, die Empfängnis einer Leibesfrucht zu verhüten. Dies scheitert allerdings häufig an der lustgesteigerten Disziplinlosigkeit der Beteiligten. Natürlich kann man auch vorsätzlich nur aus dem Grund Sex haben, um ein Kind zu zeugen. Dabei sollte man jedoch auf dem Schirm haben, dass Sex mit Erscheinen des Kindes zu einem Relikt der Vergangenheit wird. **> Mehr dazu ab Seite 144**

SPIELPLATZ Ort des Schreckens, den man dem Kind zuliebe aufsuchen muss. Man trifft dort auf unangenehme Gesellschaft (siehe: Eltern, andere/Kind, fremdes). Um mit dieser nicht in Kontakt zu kommen, kann man verschiedene Maßnahmen anwenden (> ab Seite 56). Auf dem Spielplatz scheiden sich die Geister. Für die einen ist er die Hölle, die anderen stören sich nicht daran. Aber die scheinen im Leben auch sonst nichts mehr zu merken. **> Mehr dazu auf Seite 45, 49 und 113. Scheint ein größeres Thema zu sein.**

SPIELTRIEB Rätselhafter Mechanismus des Kinderhirns, um die Gesetzmäßigkeiten des Lebens zu entdecken und zu begreifen. Könnte ganz nett sein, wenn das Kind diesen Weg allein beschreiten würde und man mal für fünf Minuten seine Ruhe hätte. Leider wollen Kinder immerzu ihre Eltern als Sparringspartner einspannen. Was dazu führt, dass man als erwachsener Mensch nicht vor Netflix oder der PlayStation entspannt, sondern beim Miniaturkaufladen einkauft oder Spiele wie *Uno* oder *Doktor Bibber* spielt. **> Mehr dazu ab Seite 45**

STELLVERTRETERKRIEG Unangenehme Situation, in der sich die Eltern zu Anwälten ihres Kindes aufschwingen. Die Muster, nach denen das abläuft, habe ich bereits mehrfach geschildert: »Nein, also nein, Korbinian. Ich finde das jetzt nicht gut, dass du dem Jungen einfach seinen Dino abgenommen hast. Frag ihn bitte, ob du den haben darfst.« »Leander, jetzt sei nicht so. Gib dem Korbinian doch mal deinen Dino, du hast ihn doch jetzt schon den ganzen Tag für dich allein gehabt.« »Korbinian, ich sag's nicht noch ... KORBINIAN! Warum hast du denn DAS jetzt gemacht?« »Ach, Leander, nun tu nicht so. Du hast der Jorinde gestern auch mit dem Schlüsselanhänger auf den Kopf gehauen. Jetzt merkst du mal, wie sich das anfühlt.« Meine Empfehlung: entweder die Kinder ihre Kriege allein ausfechten lassen oder gleich dem anderen Vater auf die Fresse hauen. Alles andere ist krass peinlich. **> Mehr dazu auf Seite 7 und 49**

STILLDEMENZ Umstrittenes Phänomen, das bei der Mutter nach der Geburt auftritt. Gut möglich, dass sie auch früher schon alle zwei Minuten den Geldbeutel verlegt oder das Smartphone ins Eisfach gepackt hat. Nun darf sie das alles endlich auf die Hormone schieben. Gerechterweise kann das assistierende Elternteil durch Empathie ebenfalls von der Stilldemenz betroffen sein, was im Grunde ein Freibrief für alle Beteiligten ist, einfach mal für zwölf Monate nach Lust und Laune Scheiße zu bauen – mit einer völlig legitimen Entschuldigung.

TAXI Transportmittel, das man rufen kann, wenn das Kind keine Lust mehr hat, zu Fuß zu gehen. Achtung: Kindersitz muss extra vorbestellt werden.

TEE Merkwürdiges Getränk, das nur an drei Orten der Welt verabreicht wird. In England, China und in der Kita. Warum das so ist, versuchen Gelehrte bis heute herauszufinden.

TOBEN Spielerische Form des Ringens, bei dem Kinder ihre Kraft austesten. Kann auch mit den Eltern praktiziert werden. Dabei ist es jedoch empfehlenswert, verletzliche Weichteile zu schützen.
> Mehr dazu auf Seite 48

TOD Ende des Lebens in seiner organischen Form. Was danach kommt, weiß man nicht. Das darf man dem Kind genauso kommunizieren. Der Tod gehört zum Leben und wird jedem früher oder später begegnen. Das Anfassen mit Samthandschuhen führt bei Kindern nur dazu, dass sie schlechter vorbereitet sind, wenn es mal so weit ist.

TOPFSCHLAGEN Lieblingsspiel vieler Kinder, das sie am liebsten dann spielen wollen, wenn ihre Eltern verkatert sind und einen Mordsschädel haben. Niemand hat gesagt, dass es leicht werden würde.

TRAGETUCH Transportmittel auf Textilbasis. Wird dazu verwendet, um das Baby/Kleinkind an den eigenen Körper zu binden, weil man a) die Hände für andere Tätigkeiten benötigt oder b) ein Ding an der Waffel hat und ernsthaft glaubt, dass ein Kinderwagen das Bonding zwischen Eltern und Kindern untergräbt. Tragetücher sind sehr praktisch, sofern die Anwendenden sich darüber im Klaren sind, dass sie damit wie verzauberte Hippies aussehen. Barfuß zu gehen und ein seliges Dauergrinsen im Gesicht unterstützen diesen unliebsamen Eindruck zusätzlich. *Just saying.* > **Mehr dazu auf Seite 42**

TRENNUNG Mögliches Ereignis im Leben der Eltern, das es erforderlich macht, dem Kind zuliebe umzudenken. Trennungen müssen nicht traumatisch sein, in der Tat sind sie weitaus gesünder als ein ungesundes Ausharren ohne Liebe. > **Mehr dazu auf Seite 33 und 139**

URLAUB Auszeit vom Arbeitsalltag und jeder anderen Form von Routine. Sollte der Entspannung und dem Auftanken seelischer Abwehrkräfte dienen. Für gewöhnlich empfiehlt es sich daher, nur mit Menschen Urlaub zu machen, die einem nicht auf die Nerven gehen. Die Idee, das eigene Kind mitzunehmen, mag daher im ersten Moment befremdlich erscheinen. Kinder können mit dem Konzept »Entspannen« nichts anfangen, sie müssen pausenlos rumstressen. Allerdings kann man den Urlaub mit ein wenig Nonchalance so gestalten, dass er für alle Beteiligten ein Erlebnis wird, selbst wenn sie winzig klein sind und den Intelligenzquotienten einer Südseefrucht haben. > **Mehr dazu ab Seite 101**

WARUM-PHASE Wenn man glaubt, man würde alle nervigen Eigenschaften des eigenen Kindes hinlänglich kennen, kommt es in die Warum-Phase. Man kann ihr von Anfang an mit Standardfloskeln begegnen wie »Weiß ich nicht« oder »Halt den Mund«. Tut man das nicht, weil man geduldig und verständnisvoll sein möchte, stößt man damit ein Tor in die Unendlichkeit auf. Natürlich ist es ein redlicher Ansatz, dem Kind alles erklären zu wollen. Allerdings stellt sich in dem Fall nach kurzer Zeit heraus, dass die Gören nicht nur nichts wissen, sondern auch nicht zuhören können. Die Fragerei hört also niemals auf und erfordert Erklärungen in Endlosschleife. Spätestens in dem Moment, da einen diese Erkenntnis trifft, sollte man den eigenen Kurs korrigieren und auf die »Halt den Mund«-Lösung umschwenken.

WECHSELMODELL Gängige und sinnvolle Lösung, um sich im Falle einer Trennung das Kind zu teilen. Kann in verschiedenen Rhythmen praktiziert werden. Der Autor empfiehlt aus eigener Erfahrung folgende Aufteilung: Montag bis Mittwoch, Mittwoch bis Freitag, Freitag bis Montag, immer im Wechsel. Auf die Art haben beide Elternteile zwei Wochenenden im Monat für sich.

WINDELN Hygieneprodukt, mit dem man der Inkontinenz des Kindes entgegenwirkt. Gibt es aus Stoff oder aus Plastik. Beide Lösungen sind auf ihre Art scheiße. Aber Scheiße ist es schließlich auch, womit man sich in dem Fall befasst.

WÖCHNERINNENSTATION Endlagerstätte für frisch aus dem Kreißsaal entlassene Mütter und Kinder. Werden bisweilen von Krankenschwestern betreut, die einen gleich auf den Teppich holen: Du lebst in einer schrecklichen Welt, alles ist hässlich und gleichgültig, finde dich damit ab und hämmere diese Weisheit auch deinem Kind schnellstmöglich in den Schädel. Es empfiehlt sich, den Aufenthalt in der Wöchnerinnenstation so kurz wie möglich zu gestalten. **> Mehr dazu ab Seite 18**

ZIGARETTEN Rauchwarenerzeugnis, das zur Beruhigung der Nerven verwendet wird. Darf leider nicht während Schwangerschaft und Stillzeit konsumiert werden. Danach aber gern wieder, entgegen der Meinung von Puritanern auch auf Spielplätzen. Wie Helge Schneider schon sagte: Solange der Mensch lebt, soll er rauchen. **> Mehr dazu auf Seite 14**

ZOO Gefängnis für Tiere. Als Eltern ist man vor die Wahl gestellt, dies aus naheliegenden Gründen zu boykottieren – oder das Angebot wahrzunehmen, um dem Kind Wildtiere zu zeigen, die es sonst niemals in *natura* sehen würde. (Es sei denn natürlich, man kann aus dem goldenen Topf jedes Jahr Reisen nach Madagaskar, an die Antarktis oder nach Kleinwelka finanzieren.) Beides ist völlig okay. Wie schon erwähnt, gibt es kein richtiges Leben im falschen.
> **Mehr dazu ab Seite 70**

ZUGESTÄNDNISSE Kompromisse im zwischenmenschlichen Umgang, die Frieden stiften. Ob in einer Partnerschaft, der Eltern-Kind-Beziehung oder im Lektorat an einem Erziehungsratgeber: Man sollte stets ein Ohr für die Wünsche und Meinungen des Gegenübers haben, weil diese meist bereichernd sind und den eigenen Horizont erweitern.

ÜBER DEN AUTOR

Clint Lukas wurde 1985 geboren und lebt in Berlin. Er schreibt Kolumnen für den Berliner *Tagesspiegel* und das Stadtmagazin *Mit Vergnügen Berlin*, bloggt über seine Lektüre von Balzacs *Die menschliche Komödie* und ist Autor mehrerer Romane und Erzählbände. Zuletzt erschienen: *Asche ist furchtlos*. 2020.

Instagram: @clintlukas
https://mitvergnuegen.com/author/clint-lukas
https://clintlukas.com/eine-stunde-balzac

DIE WERDEN SIE AUCH LIEBEN.

IMPRESSUM

© 2023 GRÄFE UND UNZER
VERLAG GmbH, Postfach 860366,
81630 München

**GRÄFE
UND
UNZER**

Gräfe und Unzer ist eine
eingetragene Marke der
GRÄFE UND UNZER VERLAG
GmbH, www.gu.de

ISBN 978-3-8338-8839-7
1. Auflage 2023

Projektleitung: Petra Bradatsch
Lektorat: Petra Müller, Berlin
Bildredaktion: Simone Hoffmann
Umschlaggestaltung und Layout:
ki 36 Editorial Design, Petra
Schmidt
Herstellung: Petra Roth
Satz: Uhl + Massopust, Aalen
Reproduktion: LUDWIG:media,
Zell am See
Druck und Bindung:
Livonia Print, SIA

Umwelthinweis
Nachhaltigkeit ist uns sehr wichtig. Der Rohstoff Papier ist in der
Buchproduktion hierfür von
entscheidender Bedeutung. Daher
ist dieses Buch auf PEFC-zertifizier-
tem Papier gedruckt. PEFC garantiert, dass ökologische, soziale
und ökonomische Aspekte in der
Verarbeitungskette unabhängig
überwacht werden und lückenlos
nachvollziehbar sind.

Bildnachweis:
Cover und Umschlagbilder: privat
Autorenfoto: Norman Poznan
iStockphoto: S. 61; The noun
project: S. 15, 22, 33, 41, 49, 56, 67,
75, 86 f., 100, 110, 120, 129, 136,
142, 146, 156, 161, 164, 189.

Syndication: www.seasons.agency

GRÄFE
UND
UNZER

Ein Unternehmen der
GANSKE VERLAGSGRUPPE